… RENZO ALLEGRI
JOHANNES XXIII.

Renzo Allegri

Johannes XXIII.

„Papst kann jeder werden.
Der beste Beweis bin ich."

Ein Lebensbild

VERLAG NEUE STADT
MÜNCHEN · ZÜRICH · WIEN

Aus der Reihe
Zeugen unserer Zeit

Titel der Originalausgabe:
Un uomo mandato da Dio.
Biografia familiare di Giovanni XXIII
© 1993 Editrice Ancora Milano
Übersetzung aus dem Italienischen: Stefan Liesenfeld

Die Deutsche Bibliothek – CIP-Einheitsaufnahme

Ein Titeldatensatz für die Publikation ist bei der
Deutschen Bibliothek erhältlich.

2000, 1. Auflage der Neuausgabe

© Alle Rechte der deutschen Ausgabe
bei Verlag Neue Stadt, München
Umschlagabbildung. KNA-Bild
Umschlaggestaltung und Satz: Neue-Stadt-Graphik
Druck: Freiburger Graphische Betriebe, Freiburg i. Br.
ISBN 3-87996-521-8

Vorwort

Mehr als dreißig Jahre sind seit dem Tod Johannes' XXIII. vergangen. Doch die Erinnerung an diesen außergewöhnlichen, in vielerlei Hinsicht einzigartigen Papst ist immer noch lebendig. Unvergeßlich ist er vor allem jenen, die das Glück hatten, Zeugen seines ebenso kurzen wie umwälzenden Pontifikats zu sein.

Zahlreiche Bücher wurden über ihn geschrieben, jahrelang haben sich Zeitungen und Magazine für seine Person und sein Leben interessiert, was man sonst nur von den Stars aus der Welt des Films und Fernsehens kennt. Johannes XXIII. ist ein Begriff, quer durch alle gesellschaftlichen Schichten und nicht nur in kirchlichen Kreisen. Erübrigt sich da nicht ein weiteres Buch über ihn? Diese Frage stand mir oft vor Augen. Doch ich bin überzeugt, daß es sich lohnt, die hier zusammengetragenen Begebenheiten und Erinnerungen bekannt zu machen ...

Das Material, das dieser Biographie zugrunde liegt, stammt nicht in erster Linie aus Archiven oder offiziellen Dokumenten. Es ist das Resultat zahlreicher Interviews und Gespräche mit Leuten, die diesen großen Papst persönlich kannten und an seiner Seite standen -- einige zu Zeiten, in denen er noch ein unbekannter Monsignore in fernen Landen war. Es handelt sich also um Zeugnisse aus erster Hand, die Einblick geben in das „wirkliche" Leben Angelo Roncallis. Ihr beson-

derer Wert scheint mir gerade darin zu liegen, daß sie nicht den Beigeschmack des Spektakulären haben, sondern vor allem vom Alltag Roncallis handeln. Die alltägliche Existenz darf nicht ausgeklammert werden, wenn die wahre Größe eines Menschen aufleuchten soll.

Einige der interviewten Zeugen sind inzwischen verstorben. Es wäre jammerschade, wenn ihre Erinnerungen verlorengingen. Einiges davon habe ich in den Zeitungen, für die ich als Journalist tätig war, schon veröffentlicht. Doch das Interesse an der Herkunft dieses großen Menschen, der sich durch wegweisende Sozialenzykliken und als Papst des Konzils einen Namen gemacht hat, ist ungebrochen.

Von der Kindheit des Angelo Roncalli haben mir Bewohner seines Heimatdorfes erzählt. Als in den 60er Jahren meine ersten Artikel darüber erschienen, waren viele, die ihn in jungen Jahren kennengelernt hatten, noch am Leben. An erster Stelle sind hier Angelos Geschwister zu nennen, allen voran Zaverio Roncalli, den ich in seinen letzten Lebensjahren oft besucht habe.

Über die lange, arbeitsreiche Zeit, die Angelo Roncalli still und verborgen als Bischofssekretär und Dozent am Seminar in Bergamo verbrachte (von 1905 bis 1925), hat mir Bischof Battaglia ausführlich berichtet. Der frühere Schüler Roncallis wurde später sein großer Freund.

Eher rar ist das biographische Material über das zwanzigjährige „Exil" Roncallis, seine diplomatische Mission in Südosteuropa und der Türkei. Er führte ein bescheidenes, ärmliches Leben, einsam und von Rom fast vergessen. Und doch war gerade diese Zeit wichtig für die innere Formung des Mannes, der als Papst eine

„Revolution" in der Kirche auslöste, wie sie in der Geschichte kaum ihresgleichen hat. Um so mehr freue ich mich, daß es möglich war, auch über diese beiden Jahrzehnte einiges zusammenzutragen: In Gesprächen mit Professor Stefan Karadgiov, einem bulgarischen Intellektuellen, dem Angelo Roncalli durch eine finanzielle Unterstützung einen Studienaufenthalt in Italien ermöglichte, habe ich manche bislang unbekannte Begebenheit in Erfahrung bringen können. Karadgiov, ein Freund Roncallis und später sein Mitarbeiter, berichtete mir von dessen Beziehungen zu den Verantwortlichen der Orthodoxen Kirche in Bulgarien, zum Herrscherhaus und zur Bevölkerung, besonders zu den Armen, denen er mit bewegender Großherzigkeit half.

Giorgio Montico, ein Franziskanerpater, der in der dramatischen Zeit des Zweiten Weltkriegs mit Roncalli in der Türkei war, erzählte mir von dem schwierigen, leidvollen Leben des Apostolischen Administrators Roncalli in Istanbul und von seinen mutigen Bemühungen, verfolgte Juden vor den Nazis zu retten.

Glücklichen Umständen habe ich es zu verdanken, daß ich auch die Erinnerungen Guido Gussos festhalten konnte, der ein Jahrzehnt lang Roncallis treuer Kammerdiener war, fünf Jahre in Venedig an der Seite des Patriarchen und fünf Jahre während seines Pontifikats in Rom. In dieser Zeit hat Guido Gusso, zusammen mit seinem Bruder Paolo, wie kaum ein anderer Einblick in das „Privatleben" von Papst Johannes gehabt. Der Papst behandelte ihn wie einen aus der Familie, so daß Gusso bei manchen bedeutenden Ereignissen dabeisein konnte. Seine Erinnerungen vermitteln einen lebendigen Eindruck von der Güte und der einfühlsamen Herzlichkeit, mit der Papst Johannes besonders den einfachen Leuten begegnete, aber *auch von seinem Leiden unter der Krankheit, die schließlich zu seinem Tod führte.*

Mögen diese Berichte dazu beitragen, die Erinnerung an einen großen Menschen unserer Zeit wachzuhalten.

Renzo Allegri

In einem kleinen Bauerndorf bei Bergamo

Angelo Giuseppe Roncalli, der spätere Papst Johannes XXIII., wurde am 25. November 1881 in Brusicco, einem Ortsteil von Sotto il Monte, in der norditalienischen Provinz Bergamo geboren.

Die Roncallis waren eine alteingesessene Familie in Sotto il Monte, doch wirtschaftlich stand es, gelinde gesagt, nicht gut um sie; zumal in jenen Jahren befanden sie sich in argen Nöten.

Die Eltern des künftigen Papstes, Giovanni Battista Roncalli und Marianna Mazzola, waren Bauern, die sich mit zahlreichen Verwandten ein großes Haus teilten. Beide waren 28 Jahre alt, als Angelo zur Welt kam. Vier Jahre zuvor hatten sie geheiratet, und Angelo war ihr erster Sohn nach drei Töchtern: Maria Caterina, Teresa und Ancilla. Auf Angelo folgten weitere neun Kinder: Zaverio, Maria Elisa, Assunta, Domenico, der bereits nach 20 Tagen starb, Alfredo, Giovanni, Enrica, Giuseppe und Luigi. Besonders die Männer in der Familie waren über die Geburt des ersten männlichen Nachkommen erfreut: Für die harte Feldarbeit konnte man jeden Helfer brauchen ...

Die 32köpfige Großfamilie bestand im wesentlichen aus zwei Gruppen: der Familie Battistas und der seines Cousins Luigi, der zehn Kinder hatte.

In Sotto il Monte gab es vier oder fünf ortsansässige Landbesitzer. Fast alle Bewohner der Dorfes, das etwa 1.200 Einwohner zählte, arbeiteten als Pächter, Halbpächter oder Tagelöhner. Die Roncallis bewirtschafteten ein sechs Hektar großes Stück Land; sie hielten Kühe und Hühner und züchteten Seidenraupen. Das Land hatten sie von den Brüdern Morlani gepachtet, von denen einer, Giovanni, Kanonikus zu Bergamo war.

Schriftliche Aufzeichnungen über das Leben in Sotto il Monte im ausgehenden 19. Jahrhundert fehlen. Mit einigen der damals Lebenden habe ich Ende der 60er Jahre noch persönlich sprechen können. Ich habe alte Schulfreunde, Spielkameraden, Cousins und auch einige Brüder Angelo Roncallis kennengelernt. Allen voran ist Zaverio zu nennen, der nur 18 Monate jünger als Angelo war und sich gut an die gemeinsame Kindheit erinnerte.

Zu Zaverio Roncalli hatte ich eine vertrauensvolle Beziehung gefunden – keine Selbstverständlichkeit, wenn man weiß, wie scheu und zurückhaltend die Roncallis sind. Die ständige Anwesenheit von Journalisten, die nach dem Tod des populären Papstes möglichst viele Informationen über ihn zusammentragen wollten, war für Zaverio eine leidige Angelegenheit. Andererseits hatte er Verständnis dafür, daß auch sie ihre Arbeit tun mußten, und mit der Zeit wurde er ein geduldiger Gesprächspartner.

Meine erste Begegnung mit ihm gestaltete sich schwierig; offenbar mißtraute er den Leuten von der Presse. Er ärgerte sich darüber, daß ihm in den Zeitungen manchmal Dinge zugeschrieben wurden, die er nie gesagt hatte, oder daß seine Äußerungen entstellt wurden. Nachdem er dann meinen ersten Artikel gelesen und sich überzeugt hatte, daß alles korrekt wiedergegeben war, brach das Eis. Er bedankte

*In diesem Haus in Sotto il Monte bei Bergamo
wurde Angelo Roncalli am 25. November 1881 geboren*

sich, und wenn ich fortan nach Sotto il Monte kam, empfing er mich mit einem freundlichen Lächeln. Unsere Gespräche waren von großer Offenheit, ja ich kann sagen, daß zwischen uns eine herzliche Freundschaft entstand. Wir trafen uns meist draußen auf den Feldern, nicht zuletzt aus Rücksicht auf die anderen Familienmitglieder, die keine Journalisten im Haus sehen wollten.

Mit dem Auto von Mailand kommend, hielt ich auf dem kleinen Platz vor der alten Pfarrkirche *Santa Maria*, unweit der *Colombera*, des Hauses, wo Zaverio wohnte. Ich fragte den Wirt der Schenke gegenüber der Kirche, ob er wisse, wo der Bruder von Papst Johannes sei. Zaverio war bei der Feldarbeit. So machte ich mich zu Fuß auf den Weg zu dem Gut nahe den *Caneve*, wo Zaverio arbeitete. Sobald er mich erblickte, hellte sich sein ernstes Gesicht auf, und wir begannen zu plaudern. Stunden über Stunden habe ich so mit ihm auf den Feldern verbracht. Wenn wir zum Dorf zurückkamen, kehrten wir öfter in der Schenke ein, wo er nach getaner Arbeit gern ein Glas Wein trank.

Den nachhaltigsten Eindruck aus seiner Kindheit hat offenbar das kärgliche Essen hinterlassen: „Wir waren sehr arm", erzählte er mir in der einfachen Sprache, die auf den Dörfern im *Bergamasco* gesprochen wird. Hauptnahrungsmittel war die Polenta, das typische norditalienische Maisgericht: „Es gab Polenta und Bohnen. Kein Brot; Fleisch zwei-, dreimal im Jahr: an Ostern, an Weihnachten und vielleicht am Kirchweihfest. Meine Mutter kochte morgens und mittags eine große Polenta; wir waren ja über dreißig Personen daheim. Mal haben wir Polenta mit Bohnen gegessen, mal Polenta mit Kohl, mal Polenta mit Schmortopf. An Polenta hat es uns, Gott sei Dank, nie gefehlt."

„Der kleine Angelo bekam keine Extrawurst?"

„Nein, warum auch? Nun, vielleicht gab die Mutter ihm ab und zu mal ein Ei, weil er ja lernen mußte. Aber das kam ganz selten vor; denn auch die Eier mußten wir verkaufen. Angelino hat übrigens ziemlich wenig gegessen. Und wenn er erfuhr, daß wir ein bißchen zuviel Wein getrunken hatten, hielt er uns eine regelrechte Standpauke. Noch als Papst mahnte er uns, wir sollten nicht zuviel trinken ..."

Der Weg hinunter ins Dorf ist asphaltiert und gut zu gehen. Zaverio lacht. „Als wir klein waren, gab es diese schönen Straßen nicht. Damals gab es nicht mal Schuhe. Die ersten richtigen Schuhe habe ich bekommen, als ich zum Militär mußte. Wie viele Kilometer sind wir als Kinder gelaufen! Man ging halt barfuß oder mit Holzschlappen; das war das Schuhwerk der Kinder von armen Leuten. Unbequem waren sie schon, man bekam Schwielen und eine dicke Hornhaut, aber immerhin schützten sie vor Dornen, Glasscherben und spitzen Steinen. Ich hatte mir etwas Besonderes einfallen lassen, um keine müden Füße zu bekommen: Ich band mir alte Mützen aus Fell um die Füße, und damit konnte ich wunderbar über die Felder rennen. Aber es war schwierig, an alte, ausgediente Mützen heranzukommen.

Natürlich ging auch Angelo barfuß oder mit Holzschlappen. Ein Jahr lang besuchte er die Schule in Carvico: zwei Kilometer hin und zwei Kilometer zurück. Dann kam er in die Schule von Celana. Es gab keine Straße dorthin; man mußte an den Feldern unten am Wald vorbei, hinauf zum Hügel von San Giovanni; von dort aus führten einige Pfade auf den 700 Meter hohen *Monte Canto*. Dann ging's hinunter nach Ca' de Rizzi, und über Cisano und Caprino Bergamasco gelangte man schließlich nach Celana. Zu Fuß waren das drei Stunden. Angelo ist öfter die ganze Strecke hin- und zurückgegangen."

„Wie habt ihr Kinder euch verstanden? Gab es auch einmal Streit?"

„Nein, gestritten haben wir nie. In unserem Haus waren wir 26 Kinder: Wir waren 13 Geschwister, und dann wohnten bei uns noch viele Vettern und Kusinen. Wir aßen und arbeiteten zusammen und schliefen in denselben Zimmern. Ich kann mich beim besten Willen nicht erinnern, daß es zwischen uns mal so richtig ‚funkte'. Manchmal, wenn wieder viel zu tun war und Angelo gerade lernte, kam es vor, daß einer aufmuckte: Uns schicken sie zum Arbeiten, und Angelo wird in Ruhe gelassen! Aber dann sind wir doch gern an die Arbeit gegangen."

„Angelo hat nicht mitgeholfen?!"

„Er hatte seine Bücher, und wenn er konnte, machte er sich aus dem Staub. Man mußte ihn sogar holen, damit er zum Essen kam. Doch wenn es viel Arbeit gab, ging er mit uns. Gern hat er nicht gearbeitet ..."

„Lernen ist schließlich auch anstrengend!"

„Tja ..., aber es schont die Knochen ..."

„Zaverio, wenn Sie studiert hätten, hätten Sie es wohl zum Papst gebracht?"

„Nicht mal zum Propst! So intelligent bin ich nicht!"

Heute ist nicht mehr genau in Erfahrung zu bringen, wo damals in Sotto il Monte der Schulunterricht stattfand. Man nimmt an, daß Angelo Roncalli sein erstes

Angelo Roncalli (als Patriarch von Venedig) mit drei Brüdern; der zweite von links ist Zaverio Roncalli

Grundschuljahr in einem Gebäude in der Gemarkung Ca' Maitino absolvierte und die nächsten beiden Jahre in einem Neubau, der später als Rathaus diente. Auch der Name von Angelos erstem Lehrer ist nicht mehr bekannt. In manchen Biographien über Papst Johannes ist von einem gewissen Donizetti die Rede. Doch es scheint, daß dieser erst einige Jahre nach Angelos Einschulung (1887) in Sotto il Monte zu unterrichten begann. Nach Aussage einiger alter Dorfbewohner kam Angelos erster Lehrer aus Padua. Er sei ein eigenartiger Mensch gewesen, auf einem Auge blind und nicht sonderlich beliebt. Man sagte „dem Blinden", so sein Spitzname, eine Beziehung mit der Wirtin, bei der er wohnte, nach. Von katholischen Prinzipien soll er nicht viel gehalten haben. Wenn dem so ist, wird er auch für den kleinen Angelo, der allmorgendlich vor der Schule bei der Messe ministrierte, nicht viel übrig gehabt haben.

Vieles liegt also im dunkeln, doch fest steht, daß der Unterricht für alle Jahrgänge in ein und demselben Raum stattfand. Zaverio, der nur 18 Monate jünger als Angelo war, durfte mit diesem zusammen die Schule besuchen. Er erzählte mir, daß die Lehrer „Angelino", „den kleinen Angelo", sehr mochten, weil er immer der Klassenbeste war. Er lernte leidenschaftlich gern, brachte immer gute Noten nach Hause, und wenn daheim viel Arbeit anfiel, blieb lieber der jüngere Zaverio zu Hause, damit sein Bruder keine Schulstunde versäumte. Wenn es regnete, begleitete ihn Zaverio mit dem Regenschirm, dem einzigen, den die Roncallis besaßen, zur Schule und kehrte dann wieder um.

Angelos Klassenkameraden waren weder von der Schule noch von ihrem allzu fleißigen Mitschüler sonderlich begeistert. Irgendwie war er anders als sie. Wie sehr man ihn auch ärgerte, er ließ sich nicht reizen. Wenn es zu einer Balgerei kam, suchte er nach Möglichkeit das Weite, und wenn das mißlang, steckte er lieber stillschweigend ein paar Schläge ein, als sich zur Wehr zu setzen.

Viele Episoden über Roncallis Kindheit wußte Signora Lucia Agazzi zu berichten, die Besitzerin des Ladens an der Ecke jener kleinen Straße, die zur *Colombera*, dem Haus der Roncallis, führt. Sie hatte Angelo persönlich kennengelernt. Ihr Vater Battista, der 1963 im Alter von 84 Jahren starb, war ein Schulkamerad von Angelo gewesen; er war zwei Jahre älter als dieser und besuchte schon die dritte Klasse, als Angelo eingeschult wurde. Da er der Sohn eines angesehenen Mannes war, betraute man ihn mit der Aufgabe, sich des kleinen Angelo in besonderer Weise anzunehmen.

Signora Lucia erinnert sich: „Mein Vater erzählte oft, daß ‚Angelin' – so pflegte er ihn zu nennen – der Beste von allen in der Schule war. Eines Tages kam ein Schulinspektor. Er betrat das Klassenzimmer und begann die Schüler zu befragen. Angelin hatte immer die richtige Antwort parat. Der Inspektor, der sich einen Spaß daraus machte, den Schülern Fangfragen zu stellen, fragte verschmitzt: ‚Sagt mir mal, Kinder: Was ist schwerer: ein Zentner Eisen oder ein Zentner Stroh?' Wie im Chor kam die Antwort: ‚Ein Zentner Eisen!' Nur Angelin schüttelte den Kopf: ‚Ein Zentner ist ein Zentner!' Nach dem Unterricht knöpften sich die Kameraden den ‚altklugen Besserwisser' vor ... Ähnlich erging es ihm öfter, wenn er alles richtig gemacht hatte und nach Hause durfte, während die anderen nachsitzen sollten. Es waren die üblichen Bubenstreiche; Angelo, der sonst gern von seiner Kindheit sprach, hat diese Geschichten nie erwähnt."

Lucia fährt fort: „Nachdem Angelino Kardinal und ein berühmter Mann geworden war, kam er einmal mit einigen Bischöfen in unser Dorf. Als er an unserem Laden vorbeikam und meinen Vater sah, ging er auf ihn zu und begrüßte ihn. Er rief die Bischöfe hinzu und stellte ihnen meinen Vater vor: ‚Das ist Battistel, mein erster Schulkamerad aus der Zeit, in der wir die ‚Universität' von Sotto il Monte besuchten.'

Angelo hat meinen Vater nie vergessen. Manchmal besuchte er ihn. 1962 wurde mein alter Vater krank; der Rücken war durch eine fortschreitende Lähmung ganz steif. Schließlich konnte er sich nicht mehr anziehen, er mußte gefüttert werden und konnte nicht einmal mehr sitzen. Auch das Gedächtnis ließ ihn im Stich, oft phantasierte er vor sich hin. Ich war verzweifelt und wußte nicht, wie es weitergehen sollte. Da hörte ich, daß die Roncallis nach Rom fahren wollten; es war am Josefstag, und Angelo Giuseppe, der Papst, feierte Namenstag. So gab ich einem von ihnen ein Taschentuch mit und bat, er möge es vom Papst segnen lassen. Als sie in Rom ankamen, erkundigte sich Papst Johannes wie gewöhnlich nach seinen alten Freunden. ‚Wie geht es dem Battistel?' fragte er. – ‚Er ist krank', antwortete ein Neffe. – ‚Krank?' – ‚Ja, es geht ihm gar nicht gut; sein Rückenleiden wird immer schlimmer. Seine Tochter hat mir ein Taschentuch mitgegeben und bittet dich, es zu segnen.' – ‚Ich habe gar nichts hier, was ich ihm mitgeben könnte ... Gib mir das Taschentuch; wenigstens will ich einen ganz besonderen Segen spenden!'

Dies war morgens um neun. Vielleicht werden Sie es mir nicht glauben, aber von dieser Stunde an hatte mein Vater keine Schmerzen mehr und schlief ganz ruhig ein. Seit Jahren war das nicht mehr vorgekommen. Mittags gingen wir zu ihm, um ihm zu essen zu geben. Er stand auf, zog sich an, setzte sich und begann zu essen, ohne daß ihm jemand helfen mußte. Das war im März, und bis zum November war mein Vater wohlauf. Im November mußte er wieder das Bett hüten, und innerhalb von zehn Tagen ist er gestorben, ohne das Bewußtsein zu verlieren und ohne besonders zu leiden."

Angelo Roncalli dachte oft an die Jahre seiner Kindheit zurück, auch noch als Papst. „Johannes" nannte er sich, um die Erinnerung an seinen Vater in Ehren zu halten. Einmal erzählte er: „Wir waren arm, aber zufrieden mit unserer Lage. Unsere Eltern vertrauten auf die Hilfe der Vorsehung. Auf unserem Tisch gab es nie Brot, sondern immer nur Polenta; für die Kinder und Jugendlichen gab es keinen Wein, und Fleisch war eine Seltenheit. Die Kleider und Schuhe mußten viele Jahre halten. Doch wenn ein Bettler an die Küchentür trat, wo an die zwanzig Kinder auf den Suppentopf warteten, hatten wir immer einen Platz für ihn. Meine Mutter sorgte dafür, daß der Gast bei uns Platz nehmen konnte."

Freilich mißfiel es ihm, wenn der Hinweis auf seine ärmliche Herkunft dazu diente, von ihm wie von einem „Papst zweiter Klasse" zu sprechen. Zaverio Roncalli berichtete mir von einem Besuch im Vatikan: „Als ich mit meinen Geschwistern ankam, begann Angelino über dieses und jenes zu sprechen, natürlich in unserem Dialekt; denn mit uns sprach er immer ‚bergamaskisch'. An einem gewissen Punkt sagte er: ‚Meine lieben Brüder, vielleicht habt ihr gehört, daß sie mich ‚den einfachen Papst' nennen, den ‚Bauernpapst'. Aber vergeßt nicht: Ein Einfaltspinsel wird nicht nach Rom berufen, um Papst zu werden.' Er wollte sagen: Wenn sie ihn an diesen Platz gestellt hatten, dann deshalb, weil er die entsprechenden Fähigkeiten hatte. Und dann fuhr er fort, der Papst werde bald sieben neue Kardinäle ernennen."

„Wer waren diese?"

„Das weiß ich nicht mehr. Ich erinnere mich nur, daß ich zu Angelino sagte: ‚Was redet Ihr von Kardinälen: Mich macht Ihr sowieso nicht zum Kardinal!'

Angelino lachte: ‚Nein, Zaverio, ich kann dich nicht zum Kardinal machen. Aber ich kann dir sagen, daß du einen von ihnen kennst: Es ist der Erzbischof von Mailand.' Ich antwortete: ‚Der soll sehr intelligent sein.' Darauf Angelino: ‚Ja, das ist richtig. Aber da der Herr allen Menschen ein bißchen Intelligenz mitgegeben hat, werden auch wir etwas abbekommen haben!' "

Loris Capovilla, der Sekretär von Papst Johannes, bestätigt, daß dieser oft an seine Kindheit zurückdachte: „Während der Spaziergänge in den Vatikanischen Gärten oder in den seltenen Augenblicken der Erholung ließ er die Gedanken gern in seine ersten Lebensjahre zurückschweifen. Die Vergangenheit stimmte ihn froh und heiter; es schien, als gebe sie ihm die Kraft, sich der Gegenwart zu stellen. Er erzählte ungekünstelt, ganz natürlich, nicht ohne Witz, aber ohne aufzutragen. Als heiligmäßiges Kind oder als Wunderkind hat er sich nie dargestellt. Er berichtete mir auch von einem Vorfall, der ihn nachhaltig beeindruckt hatte: Im Hause Roncalli herrschte, wie gesagt, kein Überfluß. An manchen Abenden gingen die Kinder mit knurrendem Magen zu Bett.

‚An einem Winterabend', erzählte mir Papst Johannes, ‚waren wir wie üblich in der warmen Küche versammelt, um den Rosenkranz zu beten. Onkel Zaverio betete vor. Das Abendessen war recht kärglich ausgefallen, und es gelang mir nicht, andächtig zu beten. *Sancta Maria, mater Dei: ora pro nobis* ... Plötzlich fiel mir ein, daß die Mutter unter dem Bett in ihrem Zimmer einen Korb mit getrockneten Feigen aufbewahrte. Sie ging sehr sparsam damit um; nur zu besonderen Anlässen rückte sie welche heraus. Ich war damals sechs oder sieben Jahre alt. Und ich war ein eher schüchterner, ängstlicher Junge. Doch der Hunger gab mir Mut: Ich schlich aus der Küche und stieg auf Zehenspitzen die Holztreppe zum Schlafzimmer hinauf. Wie eine Katze kroch ich unters Bett, nahm eine Handvoll Feigen und verschlang sie klopfenden Herzens. Dann kehrte ich, ohne mir etwas anmerken zu lassen, in die Küche zurück, wo die anderen immer noch Rosenkranz beteten.

Hinterher fragte mich Mama: ‚Angelino, wo bist du gewesen? Du wirst doch keine Feigen gestohlen haben?' – ‚Nein, Mama', antwortete ich. ‚Ich habe keine Feigen gestohlen.' Ich hatte nicht bedacht, daß die alte Holztreppe knarrte ... Die Mutter hatte meinen Streich in allen Phasen mitverfolgt! Es war heiß in der Küche, und die Gewissensbisse, daß ich gestohlen und gelogen hatte, taten ein übriges: Mir wurde übel, ich lief hinaus und mußte mich übergeben. Als ich wiederkam, wusch mir die Mutter mit etwas Wasser den Mund ab und sagte: ‚Angelino, es tut mir leid, daß du die Feigen gestohlen hast. Doch das kann ich verstehen; du hattest Hunger. Aber ich habe kein Verständnis dafür, daß du mich angelogen hast. Ich hoffe, daß du nie wieder lügst.'

Onkel Barba Zaverio brummte: ‚Diese Kinder! Naschsüchtige Lümmel ..., Lügner und Diebe wachsen da heran! Wo soll das nur enden?' Ich wäre am liebsten im Boden versunken, so schämte ich mich. Dann beschloß ich, am nächsten Morgen zu beichten, und malte mir meine Sünde so schlimm wie möglich aus: Ich würde mich nicht nur des Diebstahls, der Lüge und des Ungehorsams bezichtigen, sondern auch der Bequemlichkeit, weil ich nicht den ganzen Rosenkranz gebetet hatte. ‚Barba', fragte ich Onkel Zaverio,

,nimmst du mich morgen früh mit zur Messe? Ich will bei Don Francesco beichten.' – ,Gern. Ich hoffe nur, daß du eine gute Beichte ablegst!'

Zum Angelus, frühmorgens um fünf, war ich schon in der Kirche, um meine Sünden zu bekennen. Mein Herz klopfte vor Aufregung. Don Francesco war sehr verständnisvoll: Auch er meinte, es sei nicht so schlimm, daß ich die Feigen genommen hätte, wenn ich hungrig gewesen sei. Aber ich solle mein Leben lang nicht mehr lügen.' "

Mgr. Capovilla schließt: „Papst Johannes hat den Rat seines Pfarrers sehr ernst genommen. Er bekannte mir einmal, seither habe er nie wieder wissentlich gelogen. Und eine weitere bleibende Wirkung hat diese Geschichte gehabt: seine unüberwindliche Abneigung gegen Feigen ..."

Eine bittere Enttäuschung

In unseren Gesprächen lebt für Zaverio die Vergangenheit neu auf: „Wenn ich an unsere Kindheit denke, ist mir, als würde ich Angelino vor mir sehen. Er war ein ruhiger kleiner Junge, einer wie alle. Doch in einem unterschied er sich von den andern: Er hatte den festen Willen, Priester zu werden. Schon mit sechs Jahren war er Meßdiener, und öfter sah man ihn während des Tages beten. Zaverio, der Großonkel, der bei uns wohnte, nahm sich die Berufung meines Bruders zu Herzen. Er hatte es sich zur Gewohnheit gemacht, in aller Frühe aufzustehen und Angelino zu wecken. Morgens um fünf trug er ihn auf dem Arm zur Kirche; Angelino konnte kaum die Augen aufhalten. Er setzte ihn neben sich auf die Bank, und beide verfolgten die Messe. Danach trug er ihn wieder nach Hause."

Der alte Zaverio prägte den künftigen Papst in seinen ersten Lebensjahren entscheidend mit. Darum lohnt es sich, einige Worte über ihn zu verlieren.

1821 geboren, war er schon 60, als Angelo zur Welt kam. Zaverio hatte nie geheiratet. Er wohnte in der vielköpfigen Familie seiner beiden Neffen, Giovanni Battista und Luigi. Für seine Zeit und diese ländliche Gegend war er ein gebildeter Mann. Er war nicht nur des Lesens und Schreibens kundig, sondern hatte geradezu eine Leidenschaft fürs Lesen und besaß selbst etliche Bücher. Als Gutsverwalter des Grafen Morlani mußte er dessen Interessen gegenüber den Pächtern, darunter auch seine beiden Neffen, vertreten. Zaverio war ein frommer Mann. Wahrscheinlich hatte er nicht geheiratet, weil er sein Leben ganz Gott weihen wollte; das war damals keine seltene Lebensentscheidung. Für ihn war das Wichtigste, „Gott zu dienen", und so mühte er sich, ein gewissenhafter, gerechter und gütiger Verwalter zu sein. Er wurde allseits geschätzt, von seinen Herren wie von den Pächtern. Jeden Morgen ging er zur Messe, und auch tagsüber fand er immer wieder Zeit zu beten. Abends rief er die Großfamilie zum Rosenkranzgebet zusammen, und in freien Momenten las er in der Bibel. Mit dem Pfarrer verband ihn eine enge Freundschaft; bei kirchlichen Veranstaltungen der Pfarrei wirkte er regelmäßig mit. Seine Religiosität war von Strenge geprägt, und sein Lebenswandel entsprach den Prinzipien, an die er glaubte. Ein Frömmler war er nicht. In der Großfamilie der Roncallis stellte Onkel Zaverio eine Art „geistliches Oberhaupt" dar; er wurde von allen geachtet und verehrt. Zaverio nahm sich der moralischen Erziehung der Neffen und Großneffen an. Vor allem durch sein Beispiel prägte er sie, doch ließ er es auch nicht an gelegentlichen gestrengen Mahnungen fehlen.

In seinen Augen war es ein großes Geschenk Gottes, wenn in einer Familie jemand zum Priestertum berufen wird, und er hat viel gebetet, daß den Roncallis diese Gnade zuteil werden möge. Doch bislang hatten sich bei keinem der Kinder Anzeichen für eine solche Berufung entdecken lassen. Als Angelino geboren wurde, begann er wieder zu hoffen. Noch am selben Nachmittag, wenige Stunden nach der Geburt, brachte er ihn zur Kirche, damit er gleich getauft würde. Der Pfarrer wußte von nichts. Es war reichlich unvernünftig, ein Neugeborenes an einem nebligen, kalten Novembertag auf gut Glück in die ungeheizte Kirche zu tragen. Als er mit dem in eine alte Decke gehüllten Angelino zur Kirche kam, war der Pfarrer nicht da. Man suchte ihn, und unterdessen kniete Zaverio sich vor den Marienaltar und bat die Muttergottes, der Kleine möge ein heiligmäßiger Priester werden. Nach einer Stunde endlich traf der Pfarrer ein. Das Kind wurde auf den Namen Angelo Giuseppe getauft. Trotz des Nebels und der Kälte hat der kleine Angelo alles schadlos überstanden.

Der Großonkel behielt die weitere Entwicklung Angelos aufmerksam und liebevoll im Blick.

Das Haus der Roncallis war recht ärmlich. Die Schlafzimmer im ersten Stock, in denen eine große Schar von Kindern untergebracht war, glichen eher Abstellkammern. Die Säuglinge schliefen bis zur Entwöhnung bei den Eltern, dann bekamen sie ein Lager am Treppenabsatz, in einem Zimmerwinkel oder auf dem Flur. Das „Bett" bestand aus getrockneten Maisblättern über Ästen, die auf dem Boden lagen; das Kissen war aus Wolle, als Decken dienten irgendwelche Tücher und Lumpen.

Auch Angelo schlief zunächst bei den Eltern. Als nach anderthalb Jahren die Geburt des nächsten Kindes bevorstand, sollte er in den Flur zu seinen drei Schwestern gelegt werden. Doch der „Barba", der alte Onkel Zaverio, nahm ihn zu sich ins Zimmer. Er hatte den Großneffen liebgewonnen. Abends vor dem Schlafengehen betete er mit ihm, hin und wieder erzählte er ihm Geschichten aus der Bibel oder aus dem Leben der Heiligen. Der Pfarrer, Don Francesco, bestärkte Zaverio, Angelo zur Frühmesse mitzunehmen; auch er hoffte, Angelo würde einmal Priester werden. Als dieser eingeschult wurde, ermunterten sie ihn, gut zu lernen. Sie gaben ihm Bücher zum Lesen und setzten sich dafür ein, daß er nicht zuviel bei der Feldarbeit mithelfen mußte. Das freilich war gar nicht im Sinne des Vaters. Battista Roncalli, ein rauher, lebenstüchtiger Geselle, mühte sich ab, die große Familie zu unterhalten. Er bekundete öfter seinen Unmut über die Sonderbehandlung seines ältesten Sohns. Nur schwer brachte er Verständnis dafür auf, daß dieser stundenlang in Zaverios Zimmer lesen durfte, während die anderen draußen arbeiteten. Die Mutter setzte sich für Angelino ein: Da der Junge zur Schule ging, mußte er halt auch lernen, und so drückte auch der Vater immer wieder ein Auge zu. Ein Cousin, Benjamin Roncalli, hat mir erzählt, daß Angelo nie die heimliche Unterstützung durch seine Mutter und Tante Angelina vergessen hat. „Als ich ihn in Castelgandolfo besuchte, sagte er mir: ‚Benjamin, Mütter wie deine und meine gibt es kein zweites Mal auf der Welt! Meine kümmerte sich um die Küche, deine versorgte das Vieh, und wenn sie mit ihrer Arbeit fertig waren, gingen sie noch auf die Felder, um den anderen zu helfen.' Wenn er als Bischof in den Ferien nach Hause kam, besuchte er jedes Jahr meine Mutter, die in Carvico wohnte, und nahm sie für einige Tage mit zu sich nach Hause."

Nach den drei Grundschuljahren stand eine wichtige Entscheidung an. Da Angelo beste Noten hatte und der Lehrer ihn für einen äußerst fähigen Schüler hielt, wollten der Pfarrer und Zaverio seinen Vater überzeugen, daß Angelo eine weiterführende Schule besuchen sollte. Aber das war ein schwieriges Unterfangen. Der Vater wußte nur zu gut, daß er eine solche Ausbildung nicht würde bezahlen können, und darum wollte er von derartigen Ideen nichts wissen. Doch die beiden hatten überlegt, wie sie ihre Pläne verwirklichen könnten, ohne daß es Battista – zumindest am Anfang – auch nur eine Lira kosten würde: Beim Pfarrer des Nachbardorfes könnte Angelo ein Jahr kostenlos Unterricht nehmen. Dann würde man weitersehen. Battista ließ sich überzeugen, und so ging Angelo zum Privatunterricht bei Pietro Bolis, dem Pfarrer von Carvico, zwei Kilometer von Sotto il Monte entfernt.

Don Bolis war ein strenger Priester. Er lehrte Latein im alten Stil: ein Fehler – eine Ohrfeige. Noch als Bischof hatte Roncalli diese Methode in böser Erinnerung. Während eines Heimatbesuchs ging er auch nach Carvico, und in dem Zimmer, in dem er seine ersten Lateinkenntnisse erworben hatte, erzählte er: „An diesem Tisch habe ich begonnen, *rosa – rosae* ... zu deklinieren. Mein Lehrer, Don Bolis, ließ mich schon nach wenigen Stunden aus Cäsars *De bello gallico* übersetzen. Wenn ich nicht das richtige Subjekt fand, gab es einen Backenstreich. Einmal ließ er mich sogar draußen vor der Haustür niederknien." Methoden, die glücklicherweise der Vergangenheit angehören ...

Das Jahr bei Don Bolis verging rasch. Angelo war ein eifriger Schüler, und sein Lehrer konnte Zaverio und Don Francesco nur Positives berichten. Auch diesmal konnten sie den Vater Battista für ihre Pläne gewinnen: Er war damit einverstanden, daß Angelo fortan die bischöfliche Schule in Celana besuchte. Diese war von Karl Borromäus als Seminar gegründet worden, doch dann hatte man sie in eine Schule für Kinder aus bürgerlichem Haus umfunktioniert, die auch dazu dienen sollte, mögliche Priesteramtskandidaten ausfindig zu machen. Die Schule erfreute sich eines guten Rufs; seit einiger Zeit war die Ausbildung jener an den staatlichen Schulen gleichgestellt. Die Aufnahmebedingungen waren hart, nur die begabtesten Schüler wurden genommen. Don Bolis gab Angelo die besten Empfehlungen mit auf den Weg. In seinem Empfehlungsschreiben an den Rektor von Celana, seinen Freund Mgr. Francesco Benedetti, präsentierte er Angelo als wahres Genie und schlug vor, den Zehnjährigen gleich in die dritte Gymnasialklasse aufzunehmen. Das war sicher zuviel des Lobes; doch weil Don Bolis ein hohes Ansehen genoß, folgte man seinem Rat.

Die finanziellen Verhältnisse der Familie Roncalli erlaubten es nicht, Angelo im Internat unterzubringen. Von Sotto il Monte aber war der Weg zur Schule, der über den 700 Meter hohen Monte Canto führte, entschieden zu weit: drei Stunden zu Fuß – und die gleiche Strecke zurück. Das kam für ein zehnjähriges Kind nicht in Frage. So fragte die Mutter bei entfernten Verwandten nach, die in Ca' de Rizzi, vier Kilometer von der Schule entfernt, wohnten, ob sie Angelo die Woche über aufnehmen könnten. Sie waren einverstanden, und so kam Angelo nur an Sonn- und Feiertagen nach Hause.

Zaverio, Don Francesco, die Mutter, Tante Angelina und Don Bolis waren stolz auf den Jungen. Um so herber war die Enttäuschung, als das erste Jahr ein einziger Fehlschlag wurde. Die Umgebung war für Angelo gänzlich fremd: lauter „Vatersöhnchen" mit ungewohnten Sitten für ein Bauernkind; in jedem

Fach ein anderer Lehrer; der lange Weg zur Schule; oft nicht genug zu essen ... – all das belastete den Jungen. Zudem erwies es sich als kapitaler Fehler, ihn sofort in die dritte Klasse aufzunehmen. Er war ohnehin der Jüngste in der ganzen Schule. Unter seinen Klassenkameraden, die mindestens drei Jahre älter waren als er, kam er sich verloren vor. Er tat sich sehr schwer mit dem Lernen, und entsprechend sah sein Zeugnis nach dem ersten Halbjahr aus: Ausreichend in Italienisch, sowohl im mündlichen wie im schriftlichen Ausdruck, in Erdkunde und Geschichte noch schlechter, eine glatte Fünf in Mathematik, lediglich in Religion eine Zwei. Im zweiten und dritten Halbjahr wurde es kaum besser.

Dann kam es zu einem bedauerlichen Vorfall, der seinen Aufenthalt in Celana definitiv beendete. Es war den Internatsschülern strengstens untersagt, sich etwas von außen mitbringen zu lassen; doch immer wieder gelang es ihnen, das Verbot zu umgehen, ohne sich erwischen zu lassen. Ein Mitschüler hatte Angelo gebeten, Äpfel für ihn zu kaufen. Im Glauben, etwas Gutes zu tun, ging Angelo, der nicht mit allen Vorschriften vertraut war, bereitwillig darauf ein. Die Sache flog auf, und Angelo mußte Rede und Antwort stehen. In aller Offenheit gestand er, die Äpfel gekauft zu haben, doch den Namen des Schülers, der ihm den Auftrag gegeben hatte, wollte er trotz aller Drohungen nicht preisgeben. In einem Brief an Don Carlo Marinelli, einen Verwandten Angelos, legte der Rektor das „schwerwiegende Vergehen" dar und kündigte eine entsprechende Bestrafung an. Er übergab den Brief Angelo, damit er ihn Don Carlo überbringe. Angelo aber, der sich für unschuldig hielt, nahm den Brief – und zerriß ihn. Schlechte Zensuren, der Vorfall mit den Äpfeln und nun dies – der Schulausschluß war besiegelt. Noch vor Ablauf des Schuljahres mußte Angelo die Schule verlassen.

Angelo kehrte nach Sotto il Monte zurück. Es war eine peinliche Situation für ein Kind in seinem Alter. Was mochten die Leute denken? Sicher hielten sie ihn für einen Schlingel, der wegen seines Benehmens von der Schule geflogen war ... Bei seinen Eltern fand er wenig Verständnis. Eine gewisse Verbitterung, besonders beim Vater, war nicht zu übersehen. Angelo ging wieder mit aufs Feld zum Arbeiten; schlimme Monate standen ihm bevor. Zaverio und die andern, die ihn zuvor unterstützt hatten, wußten nicht recht, was sie zu all dem sagen sollten.

Am meisten Verständnis zeigte eine Kusine, Camilla Roncalli, die ein gutes Jahr jünger war als er. Ich habe sie Ende der 60er Jahre in Sotto il Monte kennengelernt. Trotz ihrer 85 Jahre war sie ausgesprochen rüstig und geistig hellwach. Mit viel Esprit erzählte sie Episoden aus ihrer Kindheit.

„Als Angelino aus Celana weggeschickt wurde, war er ganz verzweifelt. Er hat unaufhörlich geweint. Nun mußte er wieder mit uns draußen auf den Feldern arbeiten, und das lag ihm gar nicht. Ich versuchte ihn zu trösten, und hin und wieder konnte ich ihm helfen, sich vor der Arbeit zu drücken, um lesen zu können. Um ihn ein wenig abzulenken, lud ich ihn öfter zum Spielen ein. Er war ein recht lebhafter Junge. Manchmal machte er sich einen Spaß daraus, meine Sandalen zu verstecken ... Im Frühling kletterten wir auf die Maulbeerbäume, um Blätter für die Seidenraupen zu sammeln. Einmal hat er mich in den großen Sack mit den Blättern gesteckt und ihn dann zugeschnürt ... Als ich später einmal bei ihm in Rom war, fragte er mich, ob ich mich noch daran erinnerte. Und ob!"

Aber es waren nur kurze Momente, in denen er sich so vergnügte: „Sobald ihm die Bücher in den Sinn kamen, begann er zu weinen." So haben ihn auch die Nachbarn in Erinnerung. Leone Buonalumi, dessen Vater ein Schulkamerad von Angelo war, erinnert sich: „Mein Vater hat mir oft erzählt, daß Angelo nie gern draußen arbeitete. Die Feldarbeit war nichts für ihn. Nach seiner Rückkehr aus Celana sah man ihn weinend mit einem Tragkorb voll Dung auf dem Rücken durchs Dorf gehen ..."

Nicht die Schwere der Arbeit bereitete ihm solchen Verdruß. Schließlich arbeiteten auch seine Geschwister und Cousins, ohne zu klagen. Was ihn schmerzte, war der Gedanke, von seinen Büchern und damit von seinem Wunsch, Priester zu werden, Abschied nehmen zu müssen. Das konnte und wollte er nicht einfach hinnehmen. Der Vater hingegen meinte, seinem Sohn derartige Gedanken austreiben zu müssen. Camilla berichtet, wie er ihn einmal bat, den Spaten zu nehmen und mit ihm in den Weinberg zu gehen. Angelo wollte nicht. „Warum willst du nicht arbeiten?" fragte der Vater. – „Ich will studieren und Priester werden." – „Schlag dir das aus dem Kopf; sie haben dich nicht in Celana behalten. Jetzt bleibt dir nichts anderes übrig, als mit mir zu arbeiten, so wie die andern." Dann, so Camilla, reichte der Vater Angelo den Spaten; der nahm ihn und hielt ihn mit der Spitze nach oben hinter seinen Kopf. Der dreieckige Spaten sah nun aus wie eine Bischofsmitra. Angelo soll gesagt haben: „Den Spaten werde ich so tragen!" – Der

Vater schmunzelte: „Hoffentlich darf ich noch erleben, was aus dir mal wird!"

Nicht immer gingen die Meinungsverschiedenheiten zwischen Vater und Sohn derart glimpflich aus. Einmal, als viel zu tun war, hatte sich Angelo hinter einem Weinstock versteckt und las. Als der Vater ihn fand, gab es eine gehörige Tracht Prügel, und die derben bergamaskischen Schimpfwörter, mit denen der Vater ihn bedachte, bleiben besser unerwähnt. Während Camilla von diesem Vorfall berichtete, zog sie ein Bild hervor, das Roncalli als lächelnden Papst zeigt, und meinte verschmitzt: „Schauen Sie mal: Ist das nicht immer noch das Gesicht eines Schlawiners?"

Dann erzählte sie, wie Angelo einmal mit einer Zuckerrübe heimkam. „Onkel Zaverio ahnte, woher er sie hatte, tadelte ihn streng und schickte ihn mit der Rübe zu dem Bauern zurück, von dessen Feld er sie genommen hatte. Er solle sich sofort entschuldigen. Später, als der Bauer in unser Dorf kam, brachte er uns fünf große Rüben mit."

Morgens stand Angelo als erster auf, um zur Messe zu gehen. Er ließ sich von seinem Wunsch, Priester zu werden, nicht abbringen. Schließlich ergriff die Mutter, die ihren Sohn das ganze Jahr über voll Sorge beobachtet hatte, die Initiative. Zusammen mit Tante Angelina wandte sie sich an einen Grafen, dem sie von ihrem Sohn und seinem Wunsch, Priester zu werden, erzählte. Der Graf erwies sich als sehr verständnisvoll und gewährte dem Jungen eine großzügige finanzielle Unterstützung.

Im Oktober 1892 konnte Angelo ins Knabenseminar von Bergamo eintreten, wo er nochmals in die dritte Gymnasialklasse eingeschrieben wurde.

Ruhige Jahre in Bergamo

Wer sich den Lebenslauf großer Persönlichkeiten näher anschaut, wird feststellen, daß sie oft in besonderer Weise auf ihre künftigen Aufgaben vorbereitet wurden. Staatsmänner und Generäle haben häufig Eliteschulen besucht und lange Lehrjahre in einer entsprechenden Umgebung durchgemacht; der Weg an die Spitze der Macht ist nicht selten ein wohlgeplanter Aufstieg auf der Karriereleiter. Ganz anders stellt sich das Leben der Heiligen dar. Die Vorbereitung auf die großen Aufgaben, zu denen sie gerufen waren, führte viele von ihnen durch die harte Schule der Demut. In Jahren der Anonymität, in einem Leben ohne vorweisbare Erfolge erscheinen sie zunächst wie Menschen, deren Los der unbedeutende, immer gleiche Alltag ist; manchmal machten sie sogar den Eindruck gescheiterter Existenzen. Doch etwas hebt sie von anderen ab: das Bewußtsein, Kinder Gottes zu sein, die Gewißheit, daß ein Vater für sie sorgt, und die Freude, ihm an jedem Platz, an den sie gestellt werden, dienen zu können. Wenn sie nach außen hin wie Menschen wirken, die sich mit allem abgefunden haben, so steht dahinter nichts anderes als das beständige Bemühen, zu tun, was Gott von ihnen will.

Ähnliches läßt sich von Angelo Roncalli sagen. Er sollte eine der Gestalten werden, die unser Jahrhundert geprägt haben, „der Papst, der die Welt verändert hat". Doch in seiner Jugend sucht man vergebens nach Vorzeichen dieser großen Bestimmung. Vierzig Jahre hindurch lebte er mehr oder weniger als Unbekannter; er blieb ein einfacher, arbeitsamer und aufrichtiger Mensch. In dieser – bewußt akzeptierten – Einfachheit aber reifte jene innere Verfügbarkeit, die sich als beste Voraussetzung für das Papstamt erweisen sollte.

Im Oktober 1892 verließ Angelo, begleitet von seiner Mutter, Sotto il Monte, um ins Knabenseminar von Bergamo einzutreten. Er war elf Jahre alt, doch durch die Erfahrungen der zurückliegenden Jahre war er gereift. Das Leben in einer ärmlichen, zu harter Arbeit genötigten Familie, die vielen Geschwister, die strenge Unterweisung durch Onkel Zaverio, der Unterricht bei Don Pietro Bolis und das unglückliche Zwischenspiel in der Schule von Celana hatten tiefe Spuren in dem Jungen hinterlassen. Jetzt begann für ihn ein neuer Lebensabschnitt: die eigentliche Vorbereitung auf das Priestertum, und dies bedeutete eine intensive Beschäftigung mit neuen Lehrinhalten, vor allem aber Einübung in Betrachtung und Gebet. Und damit war er von klein auf vertraut.

Im Seminar sei er gleich positiv aufgefallen, weil er ernsthaft und eifrig lernte, wußte Zaverio zu berichten. „Da er während des Schuljahres außergewöhnlich gute Noten bekam, wurde er bisweilen von den Abschlußprüfungen befreit. Nach kurzer Zeit wurden ihm als ‚Präfekt' einige Schüler besonders anvertraut, obwohl er jünger war als manche von ihnen."

In dieser Zeit sei er selten nach Hause gekommen, fährt Zaverio fort. „Um ihn zu sehen, bin ich einige Male unter dem Vorwand, daß er frische Wäsche brauche, zu Fuß nach Bergamo gegangen. Er machte sich gut: Langsam wurde ein ernster junger Mann aus ihm. Ich kann mich nicht entsinnen, ihn einmal krank gesehen zu haben."

Zunächst war Angelo Roncalli Schüler des Knabenseminars von Bergamo, dann wechselte er ins Große Seminar, wo er bis 1900 blieb, bis zum zweiten Jahr des Theologiestudiums. Die Sommerferien verbrachte er zu Hause, wobei er den Weg von Bergamo nach Sotto il Monte immer zu Fuß zurücklegte. „Die Tage daheim verbrachte er mit Lesen und Schreiben", erzählt Zaverio. „Zwischendurch machte er gern einen Spaziergang, und abends gesellte er sich zu uns, um Karten oder Lotterie zu spielen, wie es auf dem Land üblich war. Mein Bruder brachte große Opfer, um studieren zu können; denn unsere Familie konnte ihn kaum unterstützen. Giovanni Morlani, Kanonikus zu Bergamo, besorgte ihm die Bücher, die er zum Studieren brauchte. Durch seinen Fleiß ist Angelo gut vorangekommen, für uns aber blieb er immer derselbe: ein einfacher, herzlicher Kerl."

Bergamo war ein Zentrum wichtiger geistiger und gesellschaftlicher Aufbrüche katholischer Prägung. Die „katholische Solidaritätsbewegung", die sich am Gedankengut sozial engagierter Katholiken in Deutschland orientierte, hatte in der Stadt viele Anhänger. Im Unterschied zu radikalen sozialistischen Gruppierungen lehnten sie die Idee einer gewaltsamen Revolution ab, forderten die Katholiken aber nachdrücklich zum Einsatz für mehr soziale Gerechtigkeit und größere Freiheit auf. Priester und Laien kämpften Seite an Seite für diese Ideale; in der ganzen Diözese entstanden Vereinigungen nach dem Vorbild der

Raiffeisenbanken, die Bauern Kredite gewährten, und Verbrauchergenossenschaften, über die man Grundnahrungsmittel günstiger beziehen konnte. Zudem wurden Genossenschaften für den Bau preiswerter Wohnungen gegründet, man kämpfte für die Rechte der Arbeiter und Bauern und um das Recht zum gewerkschaftlichen Zusammenschluß. Mit Erfolg setzte man sich für die Einrichtung öffentlicher Kantinen ein; Programme für die Alters- und Krankenversicherung wurden entwickelt. Schon 1895 gab es in Bergamo etwa 100 Genossenschaften und Kreditinstitute mit mehr als 42.000 Teilhabern. Den Widerhall dieses Kampfes für mehr soziale Gerechtigkeit hatte Roncalli im Seminar von Bergamo deutlich vernommen, zählten doch einige seiner Lehrer zu den Protagonisten dieser Bewegung.

Im August 1898 hatte er eine Rede von Kardinal Giuseppe Sarto, dem späteren Papst Pius X., gehört, der anläßlich der Feierlichkeiten zum 1600. Todestag des hl. Alexander, des Schutzpatrons der Stadt, ein Pontifikalamt feierte.

Ende 1900 begann für Angelo das dritte Jahr des Theologiestudiums. Er war neunzehn Jahre alt, und es fehlten ihm nur noch zwei Semester. Doch weil nach geltendem Kirchenrecht das Mindestalter für die Priesterweihe 24 Jahre betrug, mußte er sich noch eine Weile gedulden ...

Dem Bischof von Bergamo, Gaetano Camillo Guindani, war nicht verborgen geblieben, daß Roncalli einer der fähigsten Seminaristen war, und da gerade zu dieser Zeit in Rom das Collegium Cerasoli für Theologen aus der Diözese Bergamo wiedereröffnet wurde, lag es nahe, ihn zum weiteren Studium dorthin zu schicken. Das Collegium geht zurück auf eine Stiftung eines Domherrn zu Bergamo, Flaminio Cerasoli, der im Jahre 1640 sein gesamtes Erbe zur Verfügung gestellt hatte, damit die besten Theologiestudenten seiner Diözese sich in Rom am Päpstlichen Seminar von Apollinare fortbilden könnten. Politische Verwicklungen hatten 1870 zur vorübergehenden Aufhebung der Einrichtung geführt, die dann im Jahr 1900 wiederbelebt wurde. Der Bischof von Bergamo bestimmte drei Theologiestudenten, die ihre Studien dort beschließen sollten, und einer von ihnen hieß Angelo Roncalli.

Studium in Rom und Militärdienst

Rom markiert eine wichtige Etappe im Leben des jungen Roncalli. Jetzt machte er nähere Bekanntschaft mit jener Stadt, die als Wiege des Christentums bezeichnet wird, er lernte den Vatikan kennen und ließ sich gefangennehmen vom Zauber der geschichtsträchtigen Ewigen Stadt. In Rom sollte er promovieren, doch nach einem Jahr mußte er die Studien unterbrechen, weil er zum Militärdienst eingezogen wurde. Mit der üblichen Zahlung von 1.000 Lire konnte er die Dienstzeit auf zwölf Monate verkürzen. Über den Militärdienst, den er beim 73. Infanterie-Regiment der Lombardischen Brigade ableistete, sagte er später: „Sie haben mich beobachtet, begutachtet und tauglich gemacht." Nach sechs Monaten wurde er zum Unteroffizier befördert, doch dies änderte nichts an seiner Einschätzung des Alltags in der Kaserne, der ihn mit Bitterkeit erfüllte. Er notierte in seinem Tagebuch: „Ich kenne das Leben der Kaserne, und beim bloßen Gedanken daran erschaudert mich. Wie viele Flüche, wie viel Schändliches gibt es doch an diesem Ort ... An das Jahr 1902 werde ich mich immer erinnern: Es war das Jahr meiner Militärzeit, ein Jahr der Kämpfe. Ich hätte meine Berufung verlieren können wie so viele andere arme Unglückliche, und ich habe sie nicht verloren; die heilige Reinheit, die Gnade Gottes hätte ich verlieren können, aber Gott hat es nicht zugelassen. Ich bin durch den Schlamm gewatet, doch Gott hat verhindert, daß ich mich besudelte; ich bin noch lebendig, gesund und kräftig wie zuvor, mehr als zuvor ... Jesus, ich danke dir, ich liebe dich."

Unmittelbar vor Ablauf seiner Dienstzeit wurde er zum Feldwebel des Königlichen Heeres ernannt. Am 30. November 1902 kehrte er nach Rom zurück, wo er seine Studien wiederaufnahm.

Am 13. Juli 1904 erwarb er den Doktorgrad in Theologie, und einen Monat später, am 10. August, wurde er zum Priester geweiht.

In diesen Jahren gab es vordergründig keine aufsehenerregenden Ereignisse im Leben des angehenden Priesters Roncalli, doch für seine intellektuelle und geistliche Formung war diese Zeit von großer Bedeutung.

Von Rom aus war er im Jahr 1900 nach Loreto gepilgert, einem Wallfahrtsort in Mittelitalien, wo traditionell das „Haus von Nazareth" verehrt wird; außerdem hatte er Assisi besucht. Der Aufenthalt an diesen Stätten hat ihn nachhaltig beeinflußt.

Den mehrjährigen Aufenthalt in Rom, der „Ewigen Stadt", dem Sitz des Nachfolgers Petri, betrachtete Roncalli als ein besonderes Geschenk Gottes; viele Gedanken, Reflexionen und Vorsätze wurden dadurch in ihm angestoßen. So notierte er: „Der Herr möchte, daß ich Priester werde. Deshalb hat er mich mit Wohltaten überhäuft; sogar nach Rom hat er mich geschickt, in die unmittelbare Nähe seines Stellvertreters, des Papstes, in die heilige Stadt, zu den Gräbern vieler berühmter Märtyrer und heiliger Priester. Dies ist wahrlich ein großes Glück für mich, und ich will dem lieben Gott immer dafür danken. Ich werde Priester nicht wegen des Geldes oder des Wunschs nach Bequemlichkeit, Ehren und Vergnügen. Weh mir! Einzig deshalb werde ich Priester, damit ich auf irgendeine Weise den armen Leuten Gutes tun kann."

Während der schriftlichen Doktoratsprüfung im Juli 1904 fungierte Professor Eugenio Pacelli, der spätere Papst Pius XII., als Assistent.

Am Vorabend der Priesterweihe schrieb Roncalli: „Was wird aus mir werden? Werde ich ein tüchtiger Theologe sein, ein großer Jurist, ein Landpfarrer oder ein einfacher, armer Priester? Doch was bedeutet das alles schon für mich? Ich muß nichts von alldem und zugleich mehr als all dies sein, ganz wie Gott will. Mein Gott ist alles. Zudem wird Gott schon dafür sorgen, mein ehrsüchtiges Streben und den Wunsch, vor der Welt eine gute Figur abzugeben, zunichte zu machen."

Nach der Priesterweihe am 10. August 1904 in der Kirche Santa Maria in Monte Santo kehrte Angelo Roncalli nach Sotto il Monte zurück, um seine erste Messe in seinem Heimatdorf zu zelebrieren. Es war ein großes Ereignis für das ganze Dorf. Die Freunde und alle, die ihn kannten, waren stolz auf diesen Sohn ihres Dorfes, und alle nahmen an der Messe in der Pfarrkirche teil.

Roncalli blieb eine Woche in Sotto il Monte, dann brach er wieder nach Rom auf, wo er als Prediger wirken sollte. Doch gleich die erste Probe aufs Exempel wurde ein Fiasko. Noch Jahre später, als Patriarch von Venedig, erzählte er von diesem Fehlschlag: „Im Dezember sollte ich auf Wunsch des Spirituals am Fest der Unbefleckten Empfängnis in der Öffentlichkeit predigen. Natürlich habe ich alles schriftlich vorbereitet. Doch es wurde ein totaler Mißerfolg! Das

Ambiente brachte mich ganz aus der Fassung, es schien mir, dem Jungen vom Land, recht aristokratisch ... Geistig war ich nicht richtig anwesend, und es fehlte mir an der nötigen Herzenswärme. Auch mein Gedächtnis ließ mich im Stich. Ich verwechselte das Neue mit dem Alten Testament, den heiligen Alfons mit dem heiligen Bernhard, das Mittel mit dem Ursprung und diesen mit dem Ziel ... Kurzum, es war eine Katastrophe. Als ich fertig war und mich vom Altar wegbewegte, fühlte ich mich wie ein gestrandeter Schiffbrüchiger, der nicht weiß, wo er ist."

Trotz der Verunsicherung und der Scham über diese erste Erfahrung als Prediger resignierte er nicht. Er machte neue Anläufe, bis er schließlich seine Unsicherheit und Angst besiegte und mit der Kanzel vertraut wurde.

Zurück in Bergamo

Im Januar 1905 weihte Pius X. Giacomo M. Radini Tedeschi zum Bischof und betraute ihn mit der Leitung der Diözese Bergamo. Radini Tedeschi war zu Beginn des Jahrhunderts eine der wichtigsten Gestalten im lombardischen Klerus. Er stammte aus adligem Hause, aus einer Grafenfamilie. 1857 war er in Piacenza geboren; an den Kollegien Paganini in Genua und Sant' Alessandro in Bergamo, die von den *Fratelli delle Scuole Cristiane* (den Christlichen Schulbrüdern) geführt wurden, hatte er seine humanistische Schulbildung erhalten. Nach dem Studium der Theologie in Rom und Genua wurde er 1879 zum Priester geweiht; 1890, im Alter von 32 Jahren, berief Leo XIII. ihn nach Rom, wo er in den diplomatischen Dienst eintrat. 1896 wurde er zum Nuntius in Belgien ernannt, doch er lehnte ab, um weiter für die *Opera dei Congressi* (das „Werk der Kongresse", eine katholische Organisation mit politischem Hintergrund) sowie für die weibliche Sektion der Katholischen Aktion und das Pilgerwerk arbeiten zu können. Als interne Auseinandersetzungen Pius X. 1904 zur Auflösung des „Werks der Kongresse" veranlaßten, wurde dies von einigen als Zeichen dafür gedeutet, daß Mgr. Radini Tedeschi in Ungnade gefallen sei; doch seine Ernennung zum Bischof von Bergamo im Jahr darauf setzte solchen Spekulationen ein Ende.

Radini Tedeschi erwies sich als der geeignete Mann für die Leitung dieser Diözese, in der es, wie geschildert, eine starke soziale Bewegung gab. Man nannte Bergamo „die Hauptstadt der sozialen Einrichtungen". Zu seinem Sekretär ernannte der neue Bischof Angelo Roncalli. So kehrte der promovierte Theologe am 9. April 1905 in sein Heimatbistum zurück, wo er bis 1920 ohne Unterbrechung blieb: 15 scheinbar eintönige Jahre ohne besondere Vorkommnisse, die für die Formung des späteren Papstes von großer Bedeutung waren und sich im nachhinein als eine Vorbereitung besonderer Art erwiesen. Sein Weg begann also nicht in der Römischen Kurie, an einer kirchlichen Universität oder in einer Kongregation; vielmehr stand er jahrelang an der Seite eines Provinzbischofs in einer kleinen Diözese.

Neben seiner Aufgabe als Bischofssekretär unterrichtete Roncalli im Seminar von Bergamo Kirchengeschichte, Apologetik, Fundamentaltheologie und Patristik. Einer seiner Schüler war Giuseppe Battaglia, der spätere Bischof von Faenza, der von 1907 an in Bergamo Theologie studierte. Dieser sagte über seinen Lehrer: „Angelo Roncalli erschien stets pünktlich zum Unterricht, er war sehr ordentlich, aber schlicht gekleidet, ein vornehmer, immer lächelnder und gütiger Mensch, der es verstand, seinen Schülern Mut zu machen. In seinen Vorlesungen hielt er sich nicht pedantisch an die schriftlichen Vorlagen, sondern fügte immer wieder aus dem Gedächtnis Zitate ein. Sein warmherziger Vortragsstil begeisterte uns. Später sagte er mir einmal scherzend, er habe fast vermutet, daß ich nach seinen Vorlesungen wie ein neuer Kreuzzugsritter gegen die Glaubensfeinde losziehen würde.

Sein Unterricht fand großen Anklang. In den mündlichen Prüfungen verlangte er keine wörtliche Wiedergabe des Gehörten (er war ein Gegner des bloßen Auswendiglernens), sondern wollte, daß wir den Sachverhalt mit eigenen Worten darlegten."

Roncalli nahm den Unterricht sehr ernst; er verstand es als Pflicht des Unterrichtenden, nicht nur Stoff zu vermitteln, sondern auch das Interesse der Schüler zu wecken. Dies gelang nicht immer. Einmal, so wird berichtet, ist einer seiner Schüler eingeschlafen, während er sprach. Der Banknachbar gab ihm einen Ellbogenstoß, um ihn zu wecken. Roncalli sah das und sagte: „Stör ihn nicht! Es liegt an meinem Unterricht, wenn er einschläft."

Roncalli verfolgte aufmerksam die Entwicklung jedes Schülers und führte genau darüber Buch. Battaglia hat von einem Besuch bei Roncalli in dessen letzten Jahren als Patriarch von Venedig erzählt: Der alte Lehrer öffnete eine Schublade und zog die Listen der Schüler heraus; Roncalli erinnerte sich noch nach fünfzig Jahren an sie, als ob es gestern gewesen wäre.

Battaglia selbst hat eine Zeitlang als Kollege von Roncalli im Seminar unterrichtet, so daß er seinen früheren Lehrer auch von einer anderen Seite kennenlernen konnte. Im Refektorium wies man ihm den Platz neben Roncalli zu. Battaglia erzählt: „Roncalli stellte keine besonderen Ansprüche an das Essen. Ich habe ihn nie darüber klagen hören, auch dann nicht, wenn er zu spät kam und alles kalt geworden oder wenig übrig geblieben war. Doch wenn es Obst oder gar geröstete Kastanien gab, für die er eine Vorliebe besaß, sagte er spaßend: ‚Selig die Letzten, wenn sich die Ersten zurückhalten.'"

Von Bergamo aus besuchte Roncalli recht häufig

seine Angehörigen in Sotto il Monte. „Alle nannten ihn beim Vornamen: Don Angelo", erinnert sich Zaverio. „Er war immer zur Stelle, wenn man eine zusätzliche Messe feiern wollte oder sonst ein Priester gebraucht wurde. Weihnachten haben wir alle zusammen in der Familie mit den Eltern gefeiert. Den Kuchen brachte übrigens immer Angelo mit."
In Bergamo widmete er sich neben seiner Tätigkeit als Sekretär historischen Forschungen, einer Leidenschaft, die er zeitlebens nicht verlor. Er hielt Vorträge, schrieb kleine Werke und Artikel. In der Diözese hatte er sich schnell einen Namen gemacht. Doch dies weckte auch Neid und Mißgunst. Die Jahre vor dem Ersten Weltkrieg waren kirchlicherseits eine Zeit mit Licht und Schatten; positiv sind die sozialen und geistlichen Initiativen zu verzeichnen, doch wurde das Klima nicht selten durch Boshaftigkeiten und geistige Enge vergiftet, was für manche Erregung sorgte. In diesem Zusammenhang ist der unerbittliche Kampf gegen den Modernismus zu nennen, den man als „die Häresie des Jahrhunderts" bezeichnete. Unter das Schlagwort „Modernismus" faßte man theologische und geistliche Strömungen, die eine Erneuerung der Theologie, der Exegese und der kirchlichen Strukturen anstrebten, mit dem Ziel, die Kirche den Erfordernissen und Bedürfnissen der modernen Kultur anzupassen. Es war eine Bewegung, die Ende des 19. und zu Beginn des 20. Jahrhunderts in der Katholischen Kirche wie im evangelischen Raum aufkam. Papst Pius X. nannte den Modernismus „die Summe aller Häresien" und verurteilte ihn in seiner Enzyklika *Pascendi* aus dem Jahre 1907. Die Kurie verfolgte in diesen Jahren jeden, der dem Modernismus auch nur ein wenig Sympathie entgegenbrachte, in einer

Weise, daß man sich an die Zeit der Inquisition erinnert fühlte. Berühmte Persönlichkeiten wurden verdächtigt, darunter Kirchenhistoriker wie Buonaiuti, Bibelwissenschaftler wie Umberto Fracassini und Pater Lagrange, Schriftsteller wie Antonio Fogazzaro und selbst Kardinal Andrea Ferrari, Erzbischof von Mailand, sowie Luigi Orione, der inzwischen von der Kirche seliggesprochen worden ist. Kaum bekannt, aber aufgrund von Quellen sicher erwiesen ist, daß auch gegen Angelo Roncalli ermittelt wurde. Die Verdächtigungen fallen in die Zeit seiner Tätigkeit als Bischofssekretär und Professor für Kirchengeschichte und Apologetik am Seminar in Bergamo. 1914 wurde er nach Rom geladen, wo er von Kardinal Gaetano De Lai, dem Sekretär der Konsistorialkongregation, eine mündliche Ermahnung erhielt. Zurück im Hotel, griff Roncalli gleich zur Feder, um dem Kardinal seine Position zu erläutern. Zehn Tage später wurde ihm über den Bischof von Bergamo der persönliche Antwortbrief des Kardinals zugestellt. Er beginnt mit den Worten: „Ich bedaure, daß die Empfehlung, die ich Ihnen gab, Sie so sehr beunruhigt hat. Sie war kein Tadel, sondern eine gesunde Mahnung. Aufgrund der Informationen, wie sie hier vorliegen, wußte ich, daß Sie ein ehrerbietiger Leser von Duchesne und anderer ähnlich zügelloser Autoren gewesen sind, der sich bei gewissen Gelegenheiten jener Strömung zugeneigt zeigte, welche Ideen vertritt, die dahin tendieren, den Wert der Traditionen und die Autorität der Vergangenheit zu entleeren. Diese gefährliche Strömung hat fatale Konsequenzen, zumindest in denen, die nicht gegen das Wirrwarr dieser Strudel angehen oder sich nicht darin zu behaupten vermögen ..."

Aus diesem Brief geht hervor, daß Roncalli angeklagt worden war und der Kardinal die Anklage ernst genommen hatte.

Offenkundig gründete der Modernismus-Vorwurf darin, daß er ein Werk von Louis Duchesne gelesen hatte. Dieser französische Abt und Kirchengeschichtler von Rang, der längst rehabilitiert ist, war in den Ruch der Häresie geraten; die ersten drei Bände seiner Alten Kirchengeschichte, die sein Meisterwerk darstellt, wurden wegen angeblichen Modernismus verurteilt und auf den Index gesetzt. Duchesne war ein bekannter Gelehrter. Seine Thesen fanden großes Interesse unter den Intellektuellen und hatten auch die Neugier des jungen Roncalli geweckt. Jemand muß ihn beim Lesen eines Werks von Duchesne gesehen und angezeigt haben.

Angelo Roncalli reagierte erschreckt. Er verstand sich als treuer Diener der Kirche, und eine solche Verdächtigung mußte ihn sehr schmerzen. Auch das Schreiben von Kardinal Gaetano De Lai beruhigte ihn nicht. Sein Naturell und seine Herkunft vom Lande drängten ihn, Klarheit zu schaffen; vor weiteren unangenehmen Überraschungen wollte er um Gottes willen verschont bleiben. In seiner unverbrüchlichen Treue gegenüber der Kirche entschloß er sich, dem Kardinal einen ausführlichen Brief zu schicken, um seine Ansichten ein für allemal zu dokumentieren.

Der Brief, der vom 27. Juni 1914 datiert, ist in der Sache klar, doch zwischen den Zeilen ist die bedrängende Furcht herauszuspüren, die den jungen Roncalli zu Äußerungen trieb, die ohne diesen Hintergrund kaum zu verstehen wären. Über Gelehrte wie Duchesne fällt Roncalli ein eindeutig negatives Urteil, wobei offen bleiben muß, ob er ihn nicht insgeheim doch schätzte; auch ein früherer Studienkollege aus

Rom, Nicola Turchi, kommt denkbar schlecht weg. Hier der Brief, der auch im Stil charakteristisch ist für jene Epoche, im Wortlaut:

„Eminenz, der persönliche Brief vom 12. Juni diesen Jahres, den Ihre Eminenz in väterlicher Güte mir hat zukommen lassen, hat mich sehr gestärkt. Ich danke Ihnen von Herzen und werde Ihnen stets zutiefst dankbar sein. Ich greife ergeben alle guten Gedanken und die weisen Reflexionen auf, die dieses kostbare Blatt enthält: Sie werden mir immer vor Augen stehen als eine treffliche, wirkungsvolle Erinnerung.

Was die bei Ihnen eingegangenen Informationen über mich betrifft, respektiere ich den guten Glauben und die aufrichtigen Absichten dessen, der sie Ihnen überbracht hat. Aber ich kann nicht glauben, daß sie von jemand stammen, der mich kennt. Wer immer der Informant war, mögen, damit Ihre Eminenz einen sicheren Anhaltspunkt zur Beurteilung dieser Mitteilungen bezüglich meiner demütigen Person habe, diese kurzen und einfachen Informationen von meiner Seite genügen, die zu bekräftigen ich auch *cum iuramento* [unter Eid] bereit bin:

1. Ich habe nie mehr als 15 oder 20 Seiten – und auch diese nur in Form einiger Kostproben hier und da – des ersten Bands der Alten Kirchengeschichte von Duchesne gelesen. Ich habe die beiden anderen Bände nicht einmal gesehen. Ich habe desweiteren nicht einmal eine Zeile der von Turchi übersetzten ‚Geschichte' von Duchesne gelesen, weder habe ich sie je in den Händen noch unter meinen Büchern gehabt. Ich kannte den französischen Prälaten wenig, aber ich habe nie Sympathie für ihn gehegt, auch als man ihm Zustimmung zuteil werden ließ, was im Hinblick auf

seine vollkommene Rechtgläubigkeit beruhigend wirken mußte. Ich kannte einigermaßen die Ideen Turchis, der für einige Monate mein Kollege im Seminar in Rom war, und ich habe ihm keineswegs vertraut. Im Gegenteil, ich erinnere mich, daß ich mehrfach meine Gefühle der Antipathie und des Mißtrauens ihm gegenüber auch vor meinen Schülern im Seminar geäußert habe.

2. Was ich im Seminar gelesen habe, kann Monsignore Spolverini beglaubigen. Seit ich das Seminar verlassen habe, um meinem verehrten Bischof als Sekretär zu folgen, habe ich, dies kann ich bezeugen, niemals auch nur ein modernistisches oder im Ruch des Modernismus stehendes Buch oder eine derartige Schrift oder Zeitschrift gelesen, ausgenommen den ‚Santo' von Fogazzaro vor seiner Verurteilung, den ich wegen meines Dienstes als Beichtvater durchblätterte: Ich überflog ihn und verbot denen, die mich um Rat fragten, die Lektüre.

3. Ich bin nicht nur jenen ‚gefährlichen Strömungen' zu keiner Zeit zugetan gewesen, die, wie Sie treffend sagen, ‚dahin tendieren, den Wert der Traditionen und die Autorität der Vergangenheit zu entleeren', sondern habe sowohl in meiner Lehrtätigkeit als auch in meinen kurzen Schriften und in zwanglosen Gesprächen stets darauf geachtet, angesichts der Angriffe seitens der Gegner auf den Spuren der rechtgläubigsten und ernsthaftesten modernen Historiker die Argumente einer sachlichen und wirklich wissenschaftlichen historischen Kritik zu verbinden mit dem Respekt und der zutiefst empfundenen Verehrung gegenüber den Traditionen, auch den volkstümlichen, und gegenüber der Autorität der Vergangenheit ...

Gestatten Sie, daß ich nach diesen Erklärungen, deren Bedeutung Sie im Zusammenhang mit den gegen mich erhobenen Vorwürfen erfassen mögen, nicht auf weitere Einzelheiten eingehe; denn ich gebe mich damit zufrieden, diesen Vorfall als abgeschlossen zu betrachten und mich mit noch größerer Gewißheit Ihrer Güte anvertrauen zu können. Dabei möchte ich Sie nochmals bitten, mich nicht als ein gefährliches Subjekt zweifelhafter Tendenzen anzusehen, sondern als einen guten, im Geiste und Herzen stets treuen Sohn unseres Herrn Jesu Christi, der Kirche, des Heiligen Stuhls und des Papstes."

Einen Monat nach diesem leidigen Vorkommnis traf Angelo Roncalli ein weiterer Schmerz: der Tod seines Bischofs, Radini Tedeschi, dem er zehn Jahre hindurch als Sekretär zur Seite gestanden hatte. Es war ein harter Schlag für ihn; denn er hatte ihn sehr geschätzt und war ihm herzlich verbunden, wie ein Sohn seinem Vater.

Roncalli hat das Sterben seines Bischofs selbst miterlebt. Er schreibt: „Am 21. [August 1914] gegen halb vier rief er mich. Als ich zu ihm hintrat und mich niederbeugte, um ihn ein wenig hochzuheben, merkte ich, wie seine Arme und sein Kopf in völliger Erschöpfung auf meine Schultern niedersanken. Ich war bestürzt. Der Bischof schluchzte wie ein kleines Kind. Dann wurde er ganz ruhig und sagte mir, ein wenig stockend zwar, aber doch in seiner gewohnten Ruhe: ‚Der Tod! Weißt du, im Angesicht des Todes verspüre ich keine kühne Selbstsicherheit. Ich empfinde mich als ein Mensch, ich fürchte ihn; er macht mir Angst. Aber ich bin auch kein Feigling. Wenn der Herr ihn mir wirklich schicken will, zu seiner Ehre, zur Tilgung meiner Sünden, zum Wohl meiner Kirche und

der Seelen, dann sage ich ihm nicht einfach: Ich ergebe mich, ich nehme ihn an, sondern: Ich will ihn. Verstehst du das? Ich will ihn! ...'
Als Bischof Radini Tedeschi später von einem leichten Schlaf aufwachte, sah er sich von mehreren Ärzten umgeben. Lächelnd sagte er: ‚Also ist es soweit ...' Er lag da in einer so würdigen Haltung, als säße er bei einer feierlichen Zeremonie im Dom auf dem Bischofssitz ... Ich sagte dem Sterbenden einige Stoßgebete vor, die er, solange er es vermochte, wiederholte. Als es den Anschein hatte, daß er nicht mehr hörte, schwieg ich. Da öffnete er die Augen und flüsterte mir zu: ‚Mut, nur Mut, Don Angelo. Es ist gut so. Mach nur weiter, ich verstehe alles, weißt du!' So fuhr ich fort zu beten: ‚Mein Jesus, gekreuzigter Herr, ich opfere dir gern mein Leben auf, zur Tilgung meiner Sünden und der Sünden meines Volkes, für die Kirche, für den neuen Papst, den du ihr geben wirst [Pius X. war unmittelbar vorher, am 20. August, verstorben], für meine Priester, für mein Seminar, für alle meine Freunde nah und fern, für mein Vaterland ...' Da fügte er hinzu: ‚Und für den Frieden, für den Frieden.' "
Radini Tedeschis letzte Worte waren ein Gebet für den Frieden. Der Erste Weltkrieg war bereits in vollem Gang. Am 28. Juni war in Sarajewo der österreichisch-ungarische Thronfolger ermordet worden, Österreich-Ungarn antwortete mit einem Ultimatum an die serbische Regierung, am 29. Juli folgte die Kriegserklärung, und binnen weniger Tage hatte sich der Konflikt ausgeweitet. Italien, das zu Beginn die Neutralität zu wahren suchte, trat im Mai 1915 ebenfalls in den Krieg ein. Am 23. Mai erfolgte die Kriegserklärung, und einen Tag später wurde Angelo Ron-

Angelo Roncalli als Unteroffizier im Ersten Weltkrieg

calli, wie viele seiner Landsleute, zum Militärdienst eingezogen. An diesem Tag notierte er in seinem Tagebuch: „Morgen werde ich als Sanitäter zum Militärdienst einrücken. Wohin wird man mich schicken? Vielleicht an die Front? Werde ich wieder nach Bergamo heimkehren, oder hat der Herr bestimmt, daß meine letzte Stunde auf dem Schlachtfeld schlagen wird? Ich weiß nichts. Ich will nur eines: immer und überall den Willen Gottes erfüllen und mich selbst zu seiner größeren Ehre aufopfern. So, nur so glaube ich der Größe meiner Berufung gerecht zu werden und meine aufrichtige Liebe für das Vaterland und die Seelen meiner Brüder durch Taten zu beweisen."

Roncalli wurde als Unteroffizier im Sanitätsbereich dem Hospital in Bergamo zugeteilt. Dort blieb er bis zum Kriegsende im Dezember 1918. Diese Erfahrung hat ihn tief geprägt. Tagtäglich wurden -zig Verletzte von der Front eingeliefert, darunter zahlreiche Jugendliche und Kinder, viele waren verstümmelt, und aus ihren Augen sprach das blanke Entsetzen. Roncalli, der ihnen beistehen sollte, war zuinnerst betroffen; menschlichem Leid konnte er nie gleichgültig begegnen. Im März 1916, während am Isonzo die fünfte Schlacht tobte, wurde er zum Oberleutnant und Militärkaplan ernannt. Er korrespondierte mit zahllosen Familien von verwundeten oder getöteten Soldaten; er ließ sich Briefe diktieren von Soldaten, die Analphabeten waren oder aufgrund einer Verletzung nicht selber schreiben konnten. Zudem half er den Ärzten und Sanitätern: Er reinigte, desinfizierte und verband Wunden; er stand den Sterbenden bei ... Angelo Roncalli bemühte sich, alles in einer Haltung der Liebe zu tun, in die sich eine tiefe Trauer mischte. Manches Mal hat er schweigend über dem Leichnam eines jungen Soldaten geweint.

Nach Kriegsende kehrte er als Lehrer zurück ins Seminar zu Bergamo, wo ihn der neue Bischof Morelli zum Spiritual ernannte. 1920 betraute Papst Benedikt XV. die Diözese Bergamo mit der Organisation des ersten Eucharistischen Kongresses der Nachkriegszeit. Angelo Roncalli sollte auf Geheiß seines

Bischofs die Kontakte zu den Bischöfen und Kardinälen aus Rom halten. Er muß seine Aufgabe mit Bravour erfüllt haben; jedenfalls waren diese bei ihrer Rückkehr nach Rom voll des Lobes für den jungen Spiritual. Der Kardinallegat berichtete Benedikt XV., welch guten Eindruck er von ihm gewonnen hatte, so daß der Papst überlegte, ob es nicht opportun sei, diesen fähigen, beliebten Priester aus Bergamo nach Rom zu holen.

Im Dezember 1920 wurde Roncalli gebeten, in den Dienst der Kongregation für die Glaubensverbreitung, *Propaganda Fide*, zu treten. Er sollte Präsident des Zentralrats des Päpstlichen Missionswerkes für Italien werden. Roncalli erschrak. Er war noch keine 40 Jahre alt, und er fühlte sich wohl in Bergamo. Es würde ihm schwerfallen, eine solche Tätigkeit in Rom aufzunehmen, zumal er sich der Verantwortung, die auf ihn zukommen würde, nicht gewachsen sah. Ein Brief an seinen Bischof zeigt, welche Ängste ihn angesichts der ihm angetragenen Aufgabe überkamen. Um dies abzuwenden, scheute er sich nicht, sich als „unfähig, faul und begriffsstutzig" zu charakterisieren, was kaum mit seiner wirklichen Selbsteinschätzung in Einklang stehen dürfte. Er schrieb: „Gewiß finde ich daran Gefallen, und ich erfasse und empfinde sehr wohl das ‚Große' [dieser Aufgabe]. Doch was die Fähigkeit zu ihrer Erfüllung betrifft: Ach, wie klein bin ich ... Eurer Exzellenz gegenüber muß ich zudem hervorheben, daß es auf einer Täuschung beruht, wenn einige sagen, ich sei ein tüchtiger Arbeiter. Ich bin stets bei der Arbeit, aber aus reiner Willensanstrengung und getragen von der Hilfe des Herrn. Ich bin jemand, der wenig Leistung bringt. Von Natur aus bin ich eigentlich schreibfaul, und ich lasse mich leicht von der Arbeit ablenken. Das aktive, äußerlich bewegte Leben war schon bislang eine Qual für mich; mein Ideal ist es nie gewesen. Denn ich fühle mich stärker dem Leben in Klausur zugetan, der Sammlung, dem Studium, und ich habe eine Neigung zum unmittelbaren, aber ruhigen und stillen Dienst an den Seelen."

Roncalli erwog auch, Kardinal Van Rossum, der ihn gebeten hatte, die neue Aufgabe zu übernehmen, schriftlich seinen Verzicht mitzuteilen. Doch nach längerem Überlegen kam er davon ab. Er wollte auch jetzt für Gottes Pläne offen sein. „Und wenn es nun der Wille Gottes wäre, nach Rom zu ziehen?" fragte er sich. Er packte die Koffer und zog nach Rom. Sein Leben in der „Verborgenheit" einer Provinzstadt war vorbei. Angelo Roncalli trat ins Licht der Öffentlichkeit.

Als Bischof ohne Gläubige in Sofia

Am 18. Januar 1921 trat Angelo Roncalli in Rom seine Aufgabe als Präsident des Zentralrats des Päpstlichen Missionswerks für Italien an. Es war eine schwierige Aufgabe. Das Missionswerk befand sich in der Aufbauphase, und in Rom hatte man noch keine klaren Vorstellungen von seinen genauen Aufgaben. Roncalli tat sich gleich hervor durch die Entschlossenheit, mit der er konkrete Initiativen in die Wege leitete. Im April ernannte ihn Benedikt XV. zum Päpstlichen Hausprälaten, so daß er sich fortan Monsignore nennen und in bischöflichem Violett kleiden durfte. Als er in dieser Kluft in Sotto il Monte erschien, fragten die Leute seine Mutter Marianna: „Was macht Euer Sohn in dieser Bischofskleidung?" – „Was weiß ich?", antwortete Marianna, die selbst irritiert war. „Solche Dinge machen die Priester unter sich aus."

Im Januar 1922 starb Benedikt XV. Zu seinem Nachfolger wurde Achille Ratti gewählt, der seit acht Monaten Erzbischof von Mailand war. Er kannte Angelo Roncalli recht gut, und als Papst Pius XI. betraute er ihn mit immer bedeutenderen Aufgaben.

Vor seiner Ernennung zum Erzbischof von Mailand war Ratti Apostolischer Nuntius in Polen gewesen, wo er sich aus nächster Nähe einen Einblick in die Probleme der osteuropäischen Länder verschaffen konnte. Er war überzeugt, daß die Kirche etwas für diese unter den schlimmen Folgen des Ersten Weltkriegs leidenden Völker tun müsse. Nicht zuletzt galt seine Sorge Bulgarien, das nach der Niederlage Gebiete an Griechenland, Jugoslawien und die Türkei hatte abtreten müssen. Viele waren aus diesen Gebieten geflohen, um nicht gewalttätigen Übergriffen der neuen Herren zum Opfer zu fallen. Eine halbe Million Bulgaren, darunter 20.000 Katholiken, lebte in Sammellagern. Der Heilige Stuhl unterhielt keine diplomatischen Beziehungen zu Bulgarien, doch damit die dortigen Katholiken nicht den Eindruck gewännen, von Rom im Stich gelassen zu werden, war es an der Zeit, diplomatische Kontakte aufzunehmen.

Pius XI. wollte einen entsprechenden Versuch unternehmen. Auf der Suche nach einem geeigneten Mann, der dieser heiklen Mission gewachsen war, fiel seine Wahl auf Angelo Roncalli. Am 3. März 1925 ließ er ihn rufen und teilte ihm seine Pläne mit: Roncalli sollte zum Bischof geweiht und als Apostolischer Visitator nach Bulgarien gesandt werden.

Über diese Beförderung reflektierte er in seinem Tagebuch: „Wenn es in unseren Augen eine Bedeutung hat, ob man zum Bischof ernannt wird oder einfacher Priester bleibt, so bedeutet es in Wahrheit dem Geist, der die Ehre des Herrn und nicht den flüchtigen Glanz irdischer Befriedigungen sucht, nicht viel. Ich übe Gehorsam und besiege einen starken Widerwillen, bestimmte Dinge zu lassen und mich auf das Abenteuer bestimmter anderer Dinge einzulassen."

Am 19. März, am Fest des heiligen Josef, wurde Angelo Roncalli in der Kirche San Carlo al Corso von Kardinal Giovanni Tacci, dem Sekretär der Kongregation für die Orientalischen Kirchen, zum Bischof geweiht. Am Tag darauf zelebrierte er, wie schon nach seiner Priesterweihe, in der Krypta beim Petrusgrab eine heilige Messe. Hatte er damals Gott sein Leben allgemein für die Kirche geweiht, so betete er nun um den Beistand Petri für die besondere Mission, die ihm anvertraut worden war. Beistand hatte er in der Tat bitter nötig. Während er sich in Rom auf die Abreise nach Sofia vorbereitete, wurde Bulgarien von schlimmen Ereignissen heimgesucht.

Am 12. April wurde auf König Boris III. ein Attentat verübt. Als er in seinem Wagen mit drei Begleitern durch Araba Konak fuhr, blockierten drei Autos den Weg, und eine Schar bewaffneter Männer eröffnete das Feuer. Die Begleiter des Königs fanden den Tod, während dieser dem Anschlag um Haaresbreite entging. Vier Tage später, am 16. April, fanden in der Kathedrale der Stadt die Trauerfeierlichkeiten statt. Unter der mächtigen Kuppel waren Regierungsmitglieder, hohe Beamte und Vertreter der wichtigsten Familien Bulgariens versammelt, um den Opfern die letzte Ehre zu erweisen. Der Vorplatz war von einem großen Polizeiaufgebot abgeschirmt, alles war für die Zeremonie vorbereitet, man erwartete nur noch die Ankunft des Königs. Boris III., bekannt für seine Pünktlichkeit, ließ unverständlicherweise auf sich warten. Die Leute in der Kirche begannen nervös zu werden. Plötzlich gab es ein lautes Donnern, die Scheiben der Kathedrale barsten, ein wahrer Steinhagel ging über die Menge nieder. Die furchtbare Bilanz dieses neuerlichen Attentats, bei dem 100 Kilo Sprengstoff gezündet worden waren: 250 Tote und mehr als tausend Verletzte.

In den Tagen darauf gab es Sanktionen, Verhaftungen, neue Anschläge. Eine nervöse Spannung lag über der Stadt, als Angelo Roncalli am 25. April in Sofia eintraf. Am Bahnhof wurde er von einem Dutzend Leute empfangen. Sie begleiteten ihn zu einem Haus in der Ulitza Lioulin, Nr. 3, das ihm künftig als Residenz dienen sollte.

85 Prozent der bulgarischen Bevölkerung waren orthodoxe Christen, so auch König Boris, während zwei seiner Schwestern wie sein Vater, Zar Ferdinand, katholisch waren. Ferdinand hatte seinen Sohn bewußt im orthodoxen Glauben erzogen, um ihm das Regieren zu erleichtern. Der Papst war darüber verstimmt, die Beziehungen zwischen dem bulgarischen Königshaus und dem Vatikan waren gespannt. Roncalli würde keinen leichten Stand haben. Doch schon Ende April, wenige Tage nach seiner Ankunft, bot sich ihm während eines Empfangs bei Boris III. Gelegenheit zu einer anderthalbstündigen Unterredung: der Beginn einer Beziehung des Wohlwollens und der Achtung.

Roncalli blieb zehn Jahre in Bulgarien. Es war eine lange, spannungsreiche Zeit, die im Verhältnis zwischen den Kirchen freilich auch einiges in Bewegung brachte. In diesem Land, in dem sich das Zusammenleben verschiedener Konfessionen schwierig gestaltete und es bisweilen regelrechten Haß unter Christen gab, die durch ein und dasselbe Evangelium verbunden sind, versuchte Roncalli, die Grundlagen für ökumenische Beziehungen zu legen – ein Anliegen, das später beim Zweiten Vatikanischen Konzil eine wichtige Rolle spielen sollte.

General Francesco Cocconi, der Roncalli in Sofia kennengelernt hatte, berichtet von einer bezeichnenden Episode: „Es war am 15. Mai 1929, an einem nationalen Feiertag. In Sofia machten die Popen und die Metropoliten dem König ihre Aufwartung.

‚Warum gehen nicht auch wir hin?' schlug Roncalli mir vor.

Wir machten uns auf den Weg und verfolgten den Aufzug mitten unter den Leuten. Ich betrachtete die ernsten Gesichter und die langen Bärte der Würdenträger, die alter Propheten würdig gewesen wären. Mgr. Roncalli hingegen machte einen nachdenklichen Eindruck. In einem gewissen Moment wandte er sich zu mir und sagte mit trauriger Stimme: ‚Ach, wie glücklich wäre ich, wenn sich alle Kirchen, die heute getrennt sind, eines Tages wieder vereinen könnten!' "

In seiner Residenz in Sofia wohnten zwei Schwestern, die den Haushalt führten, sowie einige Freunde. Die kleine Kirche, in der er die Messe feierte, war fast immer leer; es war ein hartes Los für den frisch geweihten Bischof. Über jene Jahre ist recht wenig bekannt. In Mailand habe ich vor einiger Zeit einen bulgarischen Journalisten und Schriftsteller kennengelernt, Dr. Stefan Karadgiov, der ein Freund von Papst Johannes gewesen war und während seines Bulgarienaufenthalts dem Pressebüro der Apostolischen Delegation angehörte. Aus seinen ausführlichen Erzählungen kann man sich in etwa ein Bild machen, wie der spätere Papst damals gelebt hat.

„Mgr. Roncalli hat meinem Leben die entscheidende Wende gegeben. Ich war ein orthodoxer Christ. Seine große, absichtslose Liebe zu allen Menschen, die ich an ihm beobachten konnte, hat mich der katholischen Kirche nahegebracht, und so bin ich schließlich katholisch geworden. Als später in unserem Land die Kommunisten an die Macht kamen, wurde mir wegen meines Glaubens der Prozeß gemacht. Die Erinnerung an das, was Roncalli mich gelehrt hatte, war mir in dieser Zeit eine große Hilfe, die Schmerzen und das Unrecht ohne Haß auf irgend jemand zu ertragen."

Als ich Karadgiovs Bekanntschaft machte, war er ungefähr 60 Jahre alt. In seiner Heimat war er eine bekannte Persönlichkeit gewesen: Er war Direktor einer literarischen Zeitschrift, besaß eine Kunstgalerie und eine Buchhandlung im Zentrum von Sofia, war Buchautor und Chefredakteur der katholischen Tageszeitung Bulgariens. Mit der Machtübernahme der Kommunisten begann für ihn ein schmerzlicher Leidensweg. 1945 wurde er vor Gericht gestellt und als Feind des Volkes angeklagt, weil er antikommunistische Bücher geschrieben hatte. Seine Werke fielen der Zensur zum Opfer, er selbst wurde zu zwei Jahren Gefängnis verurteilt. 1951 wurde er als Direktor der katholischen Zeitung im Zuge einer gewaltsamen Attacke gegen die Religion erneut verhaftet. Ein Bischof und drei Priester wurden damals erschossen. Nach einem langen Prozeß wurden Karadgiov und andere Katholiken zu Gefängnisstrafen verurteilt, Karadgiov zu zwölf Jahren Haft. Zudem wurde sein gesamter Besitz beschlagnahmt: Haus, Möbel, Geld und sogar seine Kleidung. Seine Familie, Frau und zwei Kinder, ein vierjähriger Junge und eine zwölfjährige Tochter, mußten harte Opfer bringen, um zu überleben. Seine Frau begann als Näherin zu arbeiten; sie ging von Tür zu Tür, um Arbeit zu suchen. Die Tochter mußte die Schule abbrechen und ebenfalls arbeiten. Karadgiov sagt ohne Bitterkeit: „Vielleicht war dies alles eine indirekte Folge meiner Begegnung mit Angelo Roncalli. Aber ich habe sie nie bereut." Über diese Begegnung berichtet er:

„Es war zu der Zeit, als Mgr. Roncalli gerade nach Sofia gekommen war. Ich hatte die Schulzeit beendet und das Gymnasium verlassen. Nun mühte ich mich, den Lebensunterhalt zu verdienen. Doch eigentlich wollte ich weiter studieren. Ich wußte, daß ein katholischer Priester aus Italien, Francesco Galloni, ein Werk ‚Pro Oriente' gegründet hatte, das jungen bulgarischen Studenten ein Stipendium für eine Promotion in Italien gewährte. Voraussetzung war, daß man katholisch war. Ich gehörte zwar der orthodoxen Kirche an, stellte mich aber dessen ungeachtet bei Mgr. Roncalli vor und bat um Unterstützung.

Roncalli wohnte in einem einstöckigen kleinen Gebäude mit Garten, in der Musalla-Straße. ‚Musalla' ist türkisch und bedeutet ‚nahe bei Gott'. Der Monsignore empfing mich mit großer Güte. Nachdem er mir aufmerksam zugehört hatte, sagte er mir: ‚Sehr schön. Allerdings dürfen wir nicht den Argwohn der Orthodoxen heraufbeschwören. Sie dürfen nicht denken, wir Katholiken kämen hierher in der Absicht, Proselyten zu machen und die Jugend für uns gewinnen zu wollen. Die Orthodoxen sind unsere Brüder, und wir möchten in harmonischem Einvernehmen mit ihnen leben. Wir sind in diesem Land, um dem bulgarischen Volk unsere Freundschaft zu zeigen und ihm zu helfen. Wenn du also in Italien studieren willst, mußt du zuerst die Einwilligung deiner Kirche einholen.'

So schrieb ich an den Heiligen Synod, die höchste Autorität der Orthodoxen Kirche, und legte alles so dar, wie Roncalli mir vorgeschlagen hatte. Die Antwort war abschlägig: Sie teilten mir mit, ich könne zwar gehen, wohin ich wolle, aber ihre Zustimmung würden sie mir nie erteilen.

Die Beziehungen zwischen Katholiken und Orthodoxen waren nicht gerade herzlich. Nachdem Roncalli von der Antwort des Heiligen Synod erfahren hatte, wollte er einige Tage darüber nachdenken. Dann ließ er mich rufen und sagte mir, er halte es für richtig, mich dennoch nach Italien zu schicken. ‚Der Tag wird kommen', sagte er, ‚an dem die verschiedenen Kirchen vereint sein werden. Nur wenn sie vereint die Übel der Welt bekämpfen, dürfen sie hoffen, siegreich zu sein.'

Im gleichen Jahr gründete eine Gruppe orthodoxer Laien eine Bewegung für die Einheit der Kirchen. Solche Initiativen galten damals als avantgardistisch; es kam selten vor, daß eine Persönlichkeit der Kirche ihre Bedeutung erfaßte oder sie gar unterstützte. Roncalli aber zeigte sich begeistert. Auch wenn er als Apostolischer Visitator einer solchen Bewegung nicht beitreten konnte, hat er sie offen unterstützt, bekundete sein Interesse und sprach ihr sein Vertrauen aus, so daß einige Laienvertreter des bulgarischen Katholizismus den Mut fanden, sich dieser Initiative anzuschließen. Ich selber kam also nach Italien, um an der Katholischen Universität von Mailand zu studieren. In meinem Kurs, ja im selben Internat, waren zwei Studienkollegen, die sich später einen Namen als Politiker machten: Giuseppe Bettiol und Amintore Fanfani. Roncalli begleitete aus der Ferne meine Studien, als wäre ich sein eigener Sohn.

Als für mich das letzte Jahr an der Universität begann, schrieb er mir: ‚Wenn Du nach Bulgarien mit einem an einer Katholischen Universität erworbenen Doktortitel zurückkehrst, wo wirst Du eine Anstellung finden? Deine Landsleute sind fast alle Orthodoxe und bringen jemand, der an katholischen Instituten studiert hat, wenig Sympathie entgegen. Deshalb rate ich Dir, an einer nichtkonfessionellen Universität zu promovieren.' Er schrieb auch an Pater Gemelli, den Rektor der Katholischen Universität, um ihm die Sache darzulegen. So wechselte ich an die Universität von Pavia, wo ich promovierte.

In der Zwischenzeit war in mir die Entscheidung gereift zu konvertieren, und ich sprach mit Roncalli darüber. Er legte mir nahe: ‚Mein Sohn, überstürze nichts, sondern überlege es dir reiflich; um zu konvertieren, ist immer noch Zeit.'

Nach meiner endgültigen Rückkehr nach Bulgarien stellte ich fest, daß Roncalli sich beim Volk viele Sympathien erworben hatte. Auch von vehementen Gegnern der Katholischen Kirche wurde er geschätzt. Dazu hatte sein Einsatz während des Erdbebens 1928 in Bulgarien wesentlich beigetragen. Sein Beispiel uneigennütziger Liebe zur betroffenen Bevölkerung ist geradezu legendär geworden. Er ging zu den Geschädigten, warb um Soforthilfen, teilte das Geld, das er gerade bei sich hatte, an die Leute aus, besuchte die Kranken und versuchte jedem ein tröstendes Wort zu sagen. Besonderen Eindruck machte, daß er sich nicht nur um die Katholiken kümmerte, sondern unterschiedslos allen half und die Orthodoxen mit der gleichen Großherzigkeit unterstützte. Als er einige Monate nach der Katastrophe eine beträchtliche Summe für den Wiederaufbau der durch das Beben zerstörten Kirchen erhielt, stellte er die Mittel gleichermaßen für die Instandsetzung katholischer wie orthodoxer Kirchen zur Verfügung. Auf kritische Kommentare erwiderte er: ‚Es sind alles Gotteshäuser. Auch die Orthodoxen sind unsere Brüder.'

Während dieser für unser Land so traurigen Zeit hatte Roncalli Gelegenheit, etliche entlegene Dörfer zu besuchen. Er hatte zahlreiche Kontakte mit dem

Volk, mit den einfachen Leuten und Bauern, die ihm von ihren Schwierigkeiten und Nöten erzählten. Mit der bulgarischen Sprache war er kaum vertraut, so daß er auf die Hilfe eines Übersetzers angewiesen war. Doch er merkte, daß er auf diese Weise unmöglich eine tiefere Beziehung zu den Menschen finden konnte, und so faßte er den Entschluß, Bulgarisch zu lernen. Kurz nach meiner Rückkehr aus Italien ließ er mich rufen und sagte: ‚Ich will Bulgarisch lernen; denn ich möchte direkt mit den Leuten sprechen können und verstehen, was sie mir sagen möchten.'

So begannen wir mit dem Unterricht. Ich ging täglich zu ihm; nachmittags studierte er einige Stunden mit mir, dann machte er seine Aufgaben und las. Er meinte, ich müsse geduldig mit ihm sein und Verständnis haben. ‚Nach meiner Ankunft', berichtete er, ‚wollte ich mein Französisch aufbessern, und so nahm ich Unterricht bei einem alten Ordensmann französischer Herkunft, der seit einiger Zeit in der Nuntiatur war. Er hielt die Stunden wie ein griesgrämiger Grammatiker, und ich lernte rein gar nichts. Eines Tages wurde ich ernstlich krank; ich wollte beichten und rief diesen alten Ordensmann. Ich drückte mich aus, so gut ich konnte; in dem Moment hatte ich wahrlich andere Sorgen als eine korrekte Sprache. Der skrupulöse Mann unterbrach mich laufend und korrigierte mein Französisch. Ich fühlte mich todelend, und er dachte ans Französisch ... Nach meiner Genesung habe ich keinen Unterricht mehr genommen.'

Der Unterricht in Bulgarisch dauerte oft mehrere Stunden. Anschließend lud Mgr. Roncalli mich häufig zum Abendessen ein, und danach machten wir einen Spaziergang im Garten. Er bat mich um Erläuterungen zu Zeitungsmeldungen und wollte die Vorgeschichte aktueller politischer Ereignisse und eventuelle ähnlich gelagerte frühere Fälle kennenlernen. Wurde auf ein Ereignis aus der Geschichte unseres Landes Bezug genommen, so sollte ich ihm ausführlich davon erzählen. Nach Möglichkeit besuchte er in den nächsten Tagen die entsprechenden Stätten. Auf diese Weise erwarb er sich eine Fülle von Kenntnissen, die er mit großer Selbstverständlichkeit in seine Unterredungen und Vorträge einfließen ließ.

1933 kam es zu Komplikationen in den offiziellen Beziehungen zwischen den Orthodoxen und den Katholiken in Bulgarien. König Boris hatte sich 1930 mit der italienischen Prinzessin Giovanna von Savoyen vermählt. Die Trauung fand in Assisi nach katholischem Ritus statt. Wie üblich, hatte die Katholische Kirche der Mischehe erst zugestimmt, nachdem König Boris sich zur Einhaltung der betreffenden Artikel des Kirchenrechts verpflichtet hatte. Unter anderem war darin festgelegt, daß die Kinder katholisch getauft würden. Als 1933 die erste Tochter geboren wurde, drängten die orthodoxen Bischöfe darauf, das Kind taufen zu dürfen. Die Presse ergriff sogleich Partei für sie; Forderungen nach einer katholischen Taufe wurden als Einmischung in innere Angelegenheiten bezeichnet. Mgr. Roncalli hielt sich mit öffentlichen Stellungnahmen zurück, verfolgte aber aufmerksam die Presseberichte. Er wurde von König Boris empfangen, der ihm mitteilte, das Kind werde nach orthodoxem Ritus getauft. So geschah es dann auch. Mgr. Roncalli reichte eine offizielle Beschwerde ein, in der er den König an die Versprechen, die er bei der Hochzeit abgelegt hatte, erinnerte. Die Intervention des Apostolischen Delegaten wurde von einigen Zeitungen zunächst in polemischer Weise kritisiert, doch auch diesmal erwies sich, wie gut Roncalli gelitten war: Es gab auch Stimmen, die ihn verteidigten und ihm den Rücken stärkten.

Roncallis Bemühungen um Kontakte zur Orthodoxen Kirche waren keine Selbstverständlichkeit. Ich habe katholische Priester kennengelernt, die sich sogar weigerten, eine orthodoxe Kirche auch nur zu einer Besichtigung zu betreten. Mgr. Roncalli hingegen nahm immer wieder an orthodoxen Gottesdiensten teil, was bei manchen Katholiken Verwunderung hervorrief. Bei großen Feierlichkeiten in der orthodoxen Hauptkirche von Sofia fehlte er nie. Er stellte sich in einen Winkel der Kirche und folgte andächtig der Liturgie. Vor allem die orthodoxen Gesänge hatten es ihm angetan.

Schon in den 20er Jahren, als die Katholische Kirche noch keine freundschaftlichen Beziehungen zu den Orthodoxen Kirchen unterhielt, war Roncalli von jenem ökumenischen Geist beseelt, der sich auf dem Zweiten Vatikanischen Konzil durchsetzen sollte.

Der Franziskanerpater Antonio Cairoli, der jahrelang als Verteidiger im Seligsprechungsprozeß von Papst Johannes tätig war, hat mir einmal erzählt: ‚Nachdem er nach Sofia gekommen war, erfuhr Roncalli, daß die Orthodoxen ihren Heiligen Synod hielten, und so kam er auf den Gedanken, sie zu besuchen und zu grüßen. Diese damals unerhörte Geste stieß im Vatikan auf heftige Kritik. Roncalli ertrug den Tadel, aber er verstand ihn nicht. In einem Brief an seinen Gefährten und Freund, Mgr. Gustavo Testa, klagte er: ‚Die Orthodoxen glauben an denselben Gott wie wir, haben die gleichen Sakramente wie wir, ihr Priestertum ist unserem gleich, sie verehren die Gottesmutter wie wir. Der einzige Punkt, in dem wir getrennt sind, betrifft den Primat des römischen Papstes. Ich begreife nicht, warum ich sie übersehen sollte. Das Evangelium erlegt mir auf, auch die Feinde zu lieben; sollte ich dann die orthodoxen Brüder nicht lieben und ihnen meine Liebe nicht zeigen?' "

Ein Ordensmann, der in diesen Jahren in Sofia wohnte, hat mir von einem anderen bezeichnenden Ereignis berichtet. Eines Tages teilte man Roncalli mit, in einem Krankenhaus liege eine orthodoxe Frau im Sterben, und es finde sich kein Priester ihrer Kirche, der ihr die Sakramente spenden könne. Der Ordensmann bat Roncalli um die Erlaubnis, Beichte zu hören. Dieser antwortete: „Danach darfst du mich nicht fragen; denn du weißt sehr wohl, daß ich sie dir nicht geben kann. Jetzt aber schnell, geh und laß sie bei dir beichten, damit sie in Frieden sterben kann!"

Angelo Roncalli hat das bulgarische Volk, das in manchem seinen Landsleuten aus dem Bergamaskischen glich, nie vergessen, auch nicht nach seinem Abschied aus Sofia. Stefan Karadgiov erzählt: „Er spazierte durch Sofia, wo er bis zur Weiterfahrt des ‚Orient-Express' nach Konstantinopel einige Stunden Aufenthalt hatte. Es war ein naßkalter Abend. Ich arbeitete noch in der italienischen Buchhandlung im Stadtzentrum, die Mgr. Galloni 1932 gegründet hatte und die ich seit 1938 führte. Sie war ein Treffpunkt italienischer Künstler und Kulturschaffender, von Bulgaren und in Sofia wohnenden Ausländern. Welche Überraschung und Freude war es, nach neun Jahren plötzlich Roncalli wiederzusehen! Er betrat den Laden und sagte: ‚Ich bin inkognito in Sofia; niemand soll von meinem Besuch erfahren. Ich wollte dich kurz sehen, um dir etwas zu sagen. Ich komme gerade aus Griechenland von einem Treffen mit dem Metropoliten von Athen, Damaskinos. 1941 hat es zwischen den bulgarischen Besatzern und der griechischen Bevölkerung in Drama in Thrakien Auseinandersetzungen gegeben. Die Griechen sprachen davon, daß die Bulgaren unter der dortigen Zivilbevölkerung 15.000 Menschen massakriert hätten. Aber du weißt, daß in der aufgeheizten Atmosphäre des Krieges manchmal die Zahlen übertrieben werden. Wichtig ist, daß die Wahrheit ans Licht kommt. Und wo könnte die Wahrheit besser aufgehoben sein als in der Kirche, die über dem Haß und den Leidenschaften steht? Ich wollte wissen, was damals wirklich geschehen ist, damit die Wahrheit bekannt wird. Mit Damaskinos habe ich die Frage anhand glaubwürdiger Dokumente geprüft: Die Zahl der Opfer dieser schmerzlichen Vorfälle in Drama betrug nicht 15.000, sondern ein Zehntel. Ich wollte es dir gleich mitteilen.' Er meinte, als Bulgare müsse ich dies wissen."

Karadgiov berichtet von weiteren Beispielen der Liebe Roncallis zum bulgarischen Volk: „Als Nuntius und Dekan des Diplomatischen Corps gab er 1947 in Paris während der Friedenskonferenz einen Empfang, bei dem erstmals die bulgarische Delegation eingeladen war. Nur von sowjetischer Seite unterstützt, sah sie sich von einer eisigen Atmosphäre umgeben. Als die Bulgaren eintrafen, stand Roncalli auf, ging ihnen entgegen und rief mit lauter Stimme aus: ,Da sind ja meine bulgarischen Freunde!' Diese herzliche Begrüßung veranlaßte die Vertreter der anderen Länder ebenfalls zu größerer Höflichkeit gegenüber der bulgarischen Abordnung und erleichterte deren Einbeziehung in die laufenden Verhandlungen."

Auch als Papst bekundete Roncalli öffentlich seine Verbundenheit mit Bulgarien. In seiner Radiobotschaft zu Ostern 1959, die in die halbe Welt übertragen wurde, sagte er: „Wer wollte Uns, die Wir durch die einzigartige Verfügung der Vorsehung dazu erhoben wurden, als Hirte väterlich alle Nationen der Erde ... zu umarmen, nicht verstehen und verzeihen, wenn Wir in Unserem Herzen nicht einen Anflug brennender Zuneigung zu den Kindern eines starken, guten Volkes unterdrücken können, mit dem Wir auf Unserem Weg zusammengetroffen sind ...? Gerne erinnern Wir Uns mit stets lebendiger Zuneigung dieser tüchtigen, fleißigen und aufrichtigen Leute und ihrer schönen Hauptstadt Sofia, die uns zurückführt ins antike Serdica der ersten christlichen Jahrhunderte und in die edlen, glorreichen Epochen ihrer Geschichte. Seit vielen Jahren ist dieses teure Land nun fern Unserer Augen, doch all die liebenswürdigen Bekanntschaften mit einzelnen und Familien sind nach wie vor in Unserem Herzen und in Unserem täglichen Gebet lebendig."

Karadgiov hat mir erzählt, daß diese Botschaft im bulgarischen Volk auf ein großes Echo stieß, so daß sich die kommunistische Regierung irritiert fragte, wie sie reagieren sollte. Er fuhr fort: „Ich war nach achtjähriger harter Haft seit kurzem wieder auf freiem Fuß. Da bekannt war, daß ich ein Freund und Mitarbeiter Roncallis gewesen war, erhielt ich eine Vorladung. Man beruhigte mich; man wolle mich nicht verhören, sondern lediglich wissen, was Roncalli in Bulgarien getan habe, da er immer noch in aller Munde sei. Ich erzählte ihnen, was er während seines zehnjährigen Aufenthalts in unserem Land alles zuwegegebracht hatte, und unterstrich, daß er kein anderes

Motiv hatte, als ein Zeugnis der Liebe und Geschwisterlichkeit unter den Menschen zu geben. Vor allem, sagte ich, habe seine Sorge den Armen und der Landbevölkerung gegolten. ‚Das gibt es nicht!' erwiderten sie. ‚Es ist unmöglich, daß dieser Mensch ohne versteckte Interessen gehandelt hat. Wir werden schon dafür sorgen, daß man ihn vergißt.' Ich wurde entlassen. Die Prophezeiung, sie würden die Erinnerung an Papst Johannes auslöschen, hat sich nicht erfüllt: In den Herzen vieler Bulgaren ist er bis heute lebendig geblieben."

In der Türkei

In Bulgarien übte Angelo Roncalli eine wichtige diplomatische Funktion aus, die viel Fingerspitzengefühl verlangte und von Papst Pius XI. des öfteren öffentlich gelobt wurde. Aber er stieß auch auf Widerstände seitens des Königshauses, was den Vatikan schließlich nötigte, ihn abzulösen.

Der erste Zwischenfall war die von Karadgiov angesprochene Trauung von König Boris und Prinzessin Giovanna von Savoyen gewesen. Nachzutragen bleibt, daß Roncalli seinerzeit vom Vatikan beauftragt wurde, die delikate Angelegenheit persönlich mit dem König zu behandeln. Roncalli brachte alles zu einem guten Ende, die Hochzeit fand, wie berichtet, in Assisi nach katholischem Ritus statt. Als sich König Boris dann jedoch in der Alexander-Nevsky-Kathedrale vor dem orthodoxen Metropoliten noch einmal nach orthodoxem Ritus trauen ließ, protestierte Roncalli, und Pius XI. sparte nicht mit harten Worten. Es hieß damals, der Papst habe Roncalli der Naivität bezichtigt und als mitschuldig betrachtet. Roncalli notierte in seinem Tagebuch: „Hier vergeht das Leben in einer Abfolge stürmischer Tage. Die Sache mit der Hochzeitszeremonie in der orthodoxen Kirche hat mir viel Verdruß bereitet." Zeitweilig kam es zu einer Entspannung; der Papst hatte ihm noch einmal seine Wertschätzung versichert. Im September 1931 wurde

Roncalli mit Billigung der bulgarischen Regierung zum ersten Apostolischen Delegaten in Bulgarien ernannt. Die erwähnte Taufe der ersten Tochter des Königs, die entgegen schriftlicher Zusagen nach orthodoxem Ritus erfolgte, führte schließlich 1934 zur Abberufung Roncallis aus Bulgarien.

Pius XI. wußte sehr wohl, daß den Apostolischen Delegaten keine Schuld traf. Seine Entlassung aus diesem Amt sollte ein deutliches Zeichen der Mißbilligung an die Adresse des Königs sein. Angelo Roncalli wurde sodann im November 1934 in die Apostolische Delegatur für die Türkei und Griechenland versetzt. So verließ er Sofia, um sich als Apostolischer Administrator in Istanbul niederzulassen.

Roncalli war damals 53 Jahre alt, und es fiel ihm schwer, sich wieder aufzumachen und von vorne zu beginnen. Er schreibt in seinem Tagebuch: „Nach zehn Jahren ist mir dieses Land [Bulgarien] lieb geworden. Doch ich muß gehorchen."

In seiner Abschiedsrede in der Sankt-Josefs-Kirche gab er seiner großen Liebe zum bulgarischen Volk Ausdruck. Unter anderem sagte er: „Nach einer alten Tradition stellen die Leute im katholischen Irland am Heiligen Abend eine brennende Kerze aufs Fensterbrett. Sie soll dem hl. Josef und der Jungfrau Maria, die in der Heiligen Nacht auf Herbergssuche sind, zeigen, daß in diesem Haus neben dem Feuer am festlich gedeckten Tisch eine Familie auf sie wartet. Wo immer ich sein werde, und wäre es am Ende der Welt, wird ein heimatloser Bulgare, der an meinem Haus vorbeikommt, an meinem Fenster eine brennende Kerze finden. Er kann anklopfen, und es wird ihm geöffnet werden, ob er katholisch oder orthodox ist. Er ist ein Bruder aus Bulgarien, und allein dieser Titel genügt, um einzutreten und in meinem Haus die warmherzigste Gastfreundschaft zu finden."

In Istanbul gestaltete sich das Leben schwierig. Der türkische Staat erkannte offiziell keine religiöse Autorität an, und Roncallis Ankunft in der Stadt fand keine Beachtung. Einige Wochen später schrieb er seinem italienischen Freund Francesco Cocconi, der damals Oberst war, einen Brief, aus dem hervorgeht, wie er den neuerlichen Opfern begegnete. Vor allem aber werden sein Verständnis und seine geistige Offenheit für die Völker des Ostens deutlich. Er schreibt: „Bester, lieber Herr Oberst, haben Sie herzlichen Dank für Ihre Briefe aus Parma und aus Postumia. Es ist gut, daß Sie bemerkt haben, mit welcher Verzögerung ich Ihnen darauf antworte: Es ist meine Art, nichts zu überstürzen. Dadurch entgeht mir manchmal etwas, aber öfter komme ich genau zur rechten Zeit ...

Was Ihre religiösen Pflichten betrifft, tun Sie, was Sie können, mit einer kleinen Anstrengung, aber ohne sich zur Schau zu stellen oder den Helden zu spielen. Die Kirche ist in ihren Weisungen eine fromme Mutter und verpflichtet nicht zum Unmöglichen. Im übrigen sieht der Herr aufs Herz.

Auch bei mir hat es einen Wechsel gegeben, und ich bin zufrieden. Ich bin, um es mit einem Bild des hl. Franz von Sales zu sagen, wie ein Vogel, der in einem Wald voller Dornen singt. Wie in Sofia ist es ratsam, einen ganz neuen Anfang zu setzen. Auch für dieses Volk ist das moderne Leben etwas Neues, und es unternimmt viele Anstrengungen, um sich emporzuheben. Natürlich nimmt es dabei seine Flügel zu Hilfe. Man muß es in diesem Bemühen achten und wegkommen von der alten Betrachtungsweise, die gewisse

Völker als jene *massa damnata* ansah, von der Augustinus spricht. Alle Völker sind fähig, sich aufzurichten, und die Kirche ermutigt sie alle, auch wenn sie unter gewissen unüberlegten Schritten, die dabei vorkommen, zu leiden hat.

Wahrscheinlich werde ich von dem Gesetz ausgenommen, welches das öffentliche Tragen kirchlicher Kleidung verbietet, aber wie dem auch sei: Es ist ja nicht das Gewand, das zum Mönch macht. Der Herr wird uns helfen, damit aus den hiesigen Schwierigkeiten heraus seine barmherzigen Pläne für alle triumphieren können. Lieber Oberst, wann werden wir uns sehen können? Ich werde nie Ihre Freundlichkeit vergessen, die Sie mir in Rom während arbeitsreicher Tage haben zuteil werden lassen. Ich begleite Sie stets in meinen Gedanken und mit dem Gebet. Vergessen Sie nie, daß alle unsere Schmerzen Freude und Segen als Antwort erhalten werden."

Einen anderen bedeutenden Brief schrieb Roncalli seinem Freund Cocconi im selben Jahr zu Weihnachten. Die Länge des Briefes zeugt davon, wie groß das Mitteilungsbedürfnis Roncallis war und wie nötig er es hatte, sich „Luft zu machen".

„Mein lieber Oberst, offen gestanden, habe ich Ihre lieben Grüße erhalten, und auch in Rom habe ich erfahren, daß Sie mich besuchen wollten, doch haben Sie Geduld: Mein neues Leben ist so kompliziert geworden, daß jeder Vorsatz, einmal in Ruhe einem Freund zu schreiben, alsbald auf den Nimmerleinstag verschoben wird. Doch jetzt ist Weihnachten. Ich bin müde von der Arbeit dieses Tages, aber ich stelle einmal König, Kardinäle und Prälaten hintan, um zunächst Ihnen zu schreiben, Ihre guten Wünsche zu erwidern und Ihnen zu sagen, daß ich mich darüber freue, Sie glücklich und zufrieden zu wissen. Vollkommenes Glück und Zufriedenheit freilich dürfen wir in diesem Leben nicht erhoffen. Es muß immer etwas geben, das uns auch inmitten der Freuden daran erinnert, daß wir für eine vollkommenere Freude geschaffen sind, die wir nicht hier auf Erden finden werden."

Roncalli erinnert an Bulgarien, das immer in seinem Herzen lebendig ist, spricht von den Schwierigkeiten, die ihm nun in der Türkei begegnen, und bittet seinen Freund, ihn zu besuchen.

„Ich denke immer noch an Bulgarien, doch jetzt vor allem in den Gebeten. Meine Stelle hat ein tüchtiger Prälat, Mgr. Mazzoli, eingenommen, über den mir Positives zu Ohren kommt. Mehr interessiert mich nicht. Auch mein kleiner Sekretär, Don Testa, der inzwischen Monsignore geworden ist, ist nun bei mir. So verbindet mich keine Beziehung mehr mit dort, abgesehen von dem einen oder anderen seltenen Brief. Ich weiß nicht, was schließlich mit dem Minister C. geschehen ist ... Sicher konnte er nicht nach Südamerika reisen, wo man ihn als Botschafter erwartete. Ach, Ihr armen Laien erlebt oft schmerzlichere Wechselfälle des Schicksals als unsereiner. Möge der Herr Euch immer beistehen und Euch die innere Ruhe schenken. Diese große, kostbare Gnade kommt auch mir hier zugute.

Wie Sie wissen, habe auch ich mich an bürgerliche Kleidung gewöhnen müssen; doch auch wenn ich es ziemlich bedauere, ist es noch die geringste Unannehmlichkeit hier. Ich versuche nach Kräften, diesem Volk näherzukommen, das für seine Bemühungen um eine Verbesserung seiner Lage Respekt verdient. Heute zum Beispiel habe ich nach derselben Methode, die ich in Sofia ausprobiert habe, in die Homilie die Lesung einer ganzen Seite des Evangeliums in modernem Türkisch eingebaut (ich habe es unlängst, so gut ich konnte, gelernt); und am Nachmittag habe ich das Lied ‚Großer Gott, wir loben dich' ebenfalls auf Türkisch singen lassen. Es sind kleine Schritte, die mir vielleicht den Weg bahnen, tiefer einzudringen.

Lieber Oberst, tun wir weiter in aller Einfachheit unsere Pflicht, ohne uns um andere Dinge und Menschen zu sorgen. Könnte Ihre Aufgabe beim Geographischen Institut Sie nicht einmal hierher führen – oder auch nach Athen, wo ich mich von Zeit zu Zeit aufhalte und ebenfalls die Aufgabe eines Apostolischen Gesandten innehabe? Welche Freude wäre es für mich, Sie empfangen zu können! Ich freue mich über die guten Nachrichten von Ihnen daheim und von Ihren Schwestern. Sehen Sie, diese haben wirklich den besten Teil des Lebens ergriffen. Wie gern würde ich in Parma vorbeischauen, um meinen alten Studienkollegen, den tüchtigen und teuersten Mgr. Colli, wiederzusehen. Aber wie? In Sofia war vergleichsweise wenig zu tun, und doch war ich auch dort schon bis Mitternacht beschäftigt. Ich überlasse es Ihrer Phantasie, sich vorzustellen, wie es hier aussieht. Wenn ich nach Italien komme, halte ich mich nie lange auf, sondern suche bald wieder das Weite."

Im Juli diesen Jahres hatte Angelo Roncalli seinen Vater verloren. Es war ein großer Schmerz für ihn, zumal er sich in einem Land fern der Heimat befand. Zum Andenken an seinen Vater hatte er ein „Sterbebildchen" mit folgendem Text drucken lassen: „Zum frommen Gedenken an Battista, ihren verehrten Vater. In innigster Verbundenheit mit ihrer geliebten

Mutter, wünschen die Kinder Frieden und Segen: die Söhne Angelo, Erzbischof von Mesembria [seit 1934 war Roncalli Titularerzbischof von Mesembria], Zaverio, Alfredo, Giovanni und Giuseppe sowie die Töchter Teresa, Ancilla, Maria und Assunta. Sie möchten seinem Beispiel und seinen Lehren immer Ehre machen. Gottesfürchtig suchte er die Wege der christlichen Weisheit, die unbeirrte Ruhe inmitten der vielen Sorgen des Lebens, die unerschöpfliche Quelle der reinsten Tröstungen."

Er schickte dieses Bildchen seinem Freund Francesco Cocconi und schrieb dazu: „Geduld. Diesmal hat mich der Schmerz getroffen, meinen Vater zu verlieren und nicht hineilen zu können, um ihm beizustehen. Meine Schwestern eilten zu ihm. Die Armen: als sie die Treppe hinaufstiegen, verschied er. Ich habe mich seiner lange erfreuen können, ich durfte der Trost seiner letzten Jahre sein. In meinem Dorf wurde ihm ein Begräbnis zuteil, das eines Fürsten würdig gewesen wäre, obwohl er ein einfacher Landarbeiter war. Er besaß eine tiefe Gottesfurcht. Ich bin gewiß, daß er nun glücklich ist und teilhat an der Freude der Heiligen. Ich warte auf meine Schwestern, die zur Zeit zu Hause sind. Luigi ist immer noch bei mir, er ist ruhig und wohlauf und läßt Ihnen sagen, daß auch er Sie in guter Erinnerung hat. Ich mache mir stets Mut, Herr Oberst. Der Herr schenke Ihnen seinen Trost."

In der Türkei fand Angelo Roncalli einen Freund in Pater Giorgio Montico, einem Minoriten, der 1937 zum Provinzoberen in der Türkei ernannt worden war. Ich habe ihn 1975, als er 78 Jahre alt war, kennengelernt, und ihn dann mehrmals in San Pietro di

Barbossa, einem kleinen Kloster in der Provinz Treviso, getroffen, wohin er sich zurückgezogen hatte.

Pater Montico war eine herausragende Persönlichkeit in seinem Orden. In Rom hatte er den Doktortitel in Theologie erworben, an der Universität von Padua den in Philologie, im Konservatorium von Venedig das Diplom in den Fächern Orgel und Komposition. Einige Jahre leitete er als Oberer die türkische Provinz der Minoriten, dann die venezianische, und schließlich wirkte er in den Vereinigten Staaten. Für besondere Verdienste waren ihm mehrere Auszeichnungen verliehen worden.

„Sicher waren das schöne Auszeichnungen", sagte er mir, „doch am wichtigsten ist mir der ‚Titel', ein Freund von Papst Johannes gewesen zu sein. Nicht, daß mir daraus irgendwelche Privilegien erwachsen wären (kaum jemand hat je von unserer freundschaftlichen Verbindung erfahren), sondern weil ich an seiner Seite und durch das, was er mir anvertraute, gelernt habe, in einer ganz bestimmten Weise zu leben, so, wie es mir vor Gott und den Menschen richtig erscheint. Dies ist das Wichtigste im Leben, aber es ist schwierig, einen Menschen zu finden, der einem das beibringen kann. Roncalli war in dieser Hinsicht ein unvergleichlicher Lehrmeister.

In Istanbul wohnte ich im Sankt-Andreas-Kloster. Nach meiner Ankunft stand mein Antrittsbesuch bei Mgr. Roncalli an, der als Apostolischer Administrator in der Türkei der Vertreter des Papstes und damit mein Vorgesetzter war. Roncalli war damals ein unbekannter Bischof, in diplomatischen Kreisen genoß er keinen besonderen Ruf, ja manche blickten ein wenig auf ihn herab. Als ich ihn so das erste Mal in Istanbul aufsuchte, war es für mich ein bloßer Pflichtbesuch, den ich ohne Begeisterung antrat. Jemand hatte mir gesagt, er sei ein guter Mensch, aber man merke ihm an, daß er vom Land, aus den Bergen komme. Unsere Begegnung war kurz, denn Roncalli hatte andere Aufgaben. Doch ich verstand sofort, wie oberflächlich die Urteile über ihn waren, und verließ sein Zimmer voller Freude, in der Gewißheit, einen jener außerordentlichen Menschen kennengelernt zu haben, die man selten trifft, jemand, der sich durch eine besondere Menschlichkeit und Sensibilität auszeichnet. Seit etlichen Jahren war ich aufgrund meiner Aufgaben im Orden an den Umgang mit kirchlichen Vorgesetzten gewöhnt, aber nie war ich jemand wie ihm begegnet. Es war wie ein Gespräch mit meinem Vater, keine offizielle Zusammenkunft mit einem Oberen. Wir haben schnell Freundschaft geschlossen und trafen uns täglich zu gemeinsamen Spaziergängen, Gesprächen, Krankenbesuchen und Besuchen bei den Armen. Sieben Jahre hindurch waren wir unzertrennlich.

1944 brach Roncalli nach Paris auf, so daß wir eine Zeitlang keinen direkten Kontakt mehr hatten. Anfang 1953 wurde er zum Patriarchen von Venedig ernannt, und einige Jahre später wurde ich Provinzial der Minoriten in der venezianischen Provinz. So bot sich wieder die Gelegenheit, einander zu besuchen, bis er schließlich zum Papst gewählt wurde.

Als Papst wurde Roncalli berühmt durch seine Einfachheit, seine Güte, Spontaneität und die Menschlichkeit, die sein Handeln bestimmte. Ich kann bezeugen, daß er immer so war. Wie er sich als Nachfolger Petri in Rom verhielt, wie er sprach, wie er mit seinen Mitarbeitern und den Leuten umging, das war genauso wie seinerzeit in Istanbul, als er ein unbekannter

Bischof in der Türkei war. Für mich ist das ein Zeichen seiner Heiligkeit."

„Könnten Sie etwas zu seiner Tätigkeit in der Türkei sagen?" fragte ich Pater Giorgio.

„Roncalli hatte eine diplomatische Aufgabe inne. Er repräsentierte den Heiligen Stuhl, auch wenn er von der türkischen Regierung nicht als offizieller Vertreter anerkannt war. Als er nach Istanbul kam, war die Zahl der Katholiken in der Türkei seit Jahren rückläufig. Auch bei den Ordensleuten verzeichnete man einen deutlichen Rückgang. Die seelsorgerische Arbeit des Bischofs war folglich von verschwindender Bedeutung, doch Roncalli nahm sie ernst, als stünde er einer großen Gemeinschaft von Gläubigen vor. Er besuchte regelmäßig die kleinen, über das enorme Gebiet des Vikariats verstreuten Pfarreien. Dies beinhaltete einen beträchtlichen körperlichen Einsatz, den er sich angesichts der wenigen Pfarrangehörigen auch hätte ersparen können. Doch er war bereit, für einen einzigen Menschen eine lange Reise auf sich zu nehmen.

Obwohl sich zu den Sonntagsgottesdiensten nur eine winzige Gemeinschaft versammelte, bereitete Roncalli seine Ansprachen sehr gewissenhaft vor. Er schrieb sie in italienischer und französischer Sprache nieder und archivierte sie, um sich in den nächsten Jahren nicht zu wiederholen.

Jedes Jahr nach Ostern hielt er in der Hl.-Geist-Kirche Vorträge über den Katechismus. Seine Zuhörerschaft bestand aus höchstens fünfzehn Personen: einigen alten Frauen, fünf Ordensschwestern, dem Mesner und dem Sekretär der Delegation. Jeder Vortrag kostete ihn viele Stunden gewissenhafter Vorbereitung; er konsultierte theologische Werke und die

Schriften der Kirchenväter und hielt schriftlich fest, was er sagen wollte, und zwar auf Französisch.

Die Ferienzeit im Juli und August verbrachte er in der Sommerresidenz der Delegation, auf einer Insel, in Buyukada. Auch in dieser Zeit hielt er weiter seinen Katechismusunterricht. Er mußte um 14 Uhr aufbrechen, um pünktlich um 16 Uhr in der Hl.-Geist-Kirche zu sein. Die Überfahrt mit dem Dampfboot war in der sengenden Sonne gewiß kein Vergnügen. Als jemand meinte, es lohne die Mühe nicht, zu so wenigen Personen zu sprechen, erwiderte er: ‚Ich weiß, daß meine Hörerschaft sehr klein ist. Ich weiß auch, daß die vier alten Damen dösen, während ich rede. Aber das hat keine Bedeutung. Ich bin Bischof für diese Leute, und Gott ist Zeuge meines Tuns. Ich bereite meinen Unterricht vor, als ob ich in einer vollen Kathedrale sprechen müßte. Bevor ich auf die Kanzel steige, wende ich mich an die Schutzengel aller Gläubigen meines Vikariats und bitte sie, mein Wort zu allen zu bringen, auch zu den Gläubigen, die nie zur Kirche kommen.'

1937 feierte die katholische Gemeinde von Adana den 50. Jahrestag der Profeß ihres Pfarrers, eines Jesuiten. Einst war Adana eine große Pfarrei gewesen; die Jesuiten hatten eine schöne Kirche gebaut, es gab ein Konvikt mit 500 Schülern und ein Mädcheninternat mit 600 Schülerinnen. Doch viele Katholiken waren ausgewandert, und nur wenige Gläubige waren übriggeblieben. Der Pfarrer hatte nicht den Mut, Roncalli zu den Feierlichkeiten einzuladen, doch dieser erfuhr davon und fuhr einfach hin. Es war eine 800 Kilometer lange Reise in einem heruntergekommenen Zug, der sich im Schneckentempo vorwärtsbewegte. Roncalli hatte eine Ansprache vorbereitet, die er vor einem Publikum von elf Personen verlas: sieben Gläubigen, dem Ehrenkonsul von Frankreich und drei Ordensmännern.

Er hatte nicht viele pastorale Verpflichtungen, so daß er sich vor allem karitativen Aufgaben widmen konnte. Er half, wo er konnte; sobald er erfuhr, daß jemand in Not war, ergriff er die Initiative. Ich habe ihn oft begleitet, wenn er zu den Kranken ging, zu alten Menschen oder behinderten Kindern. Er pflegte zu sagen: ‚Der Bischof ist der Vater der Armen.'

Im Viertel von Palgalti, wo der Sitz der Apostolischen Delegation lag, hatte Roncalli einen ärztlichen Besuchsdienst für bedürftige Kranke organisiert; Dr. Paolo Tascio besuchte die Patienten, brachte die Rezepte zu einer Schwester, die die entsprechenden Medikamente kaufte, und am Monatsende beglich Mgr. Roncalli die Rechnung der Apotheke aus eigener Tasche.

Im Istanbuler Altenheim ‚Der Handwerker' verbrachten Menschen ihren Lebensabend, die aus begüterten Familien stammten, dann aber in wirtschaftliche Nöte geraten waren. Zu ihnen gehörte ein Adliger namens Benci, einst eine bedeutende Persönlichkeit unter den italienischen Immigranten. Benci war für vier Apostolische Delegaten ein Mann des Vertrauens gewesen. Seit 1940 lebte er in dem Heim. Als Roncalli durch die Heimleitung von seinem Schicksal erfuhr, begann er ihn zu unterstützen. Von Zeit zu Zeit ließ er ihm etwas zukommen, wobei er ein Kärtchen beilegte: „Von einem unbekannten Wohltäter, der um ein Gedenken im Gebet bittet." Wenn er ihn besuchte, tat er, als wisse er nicht um seine finanzielle Lage. Er behandelte ihn mit großem Respekt und lud ihn zu allen festlichen Anlässen ein, bei denen auch andere Persönlichkeiten aus den katholischen Kreisen Istanbuls zugegen waren.

Der Krieg brachte auch für die Ordensgemeinschaften mancherlei Einschränkung mit sich. Eines Tages informierte eine Katholikin Roncalli, daß die Oberin eines Instituts ihren Schwestern allzu große Opfer abverlangte: ‚Die Schwestern hungern; wenn Sie nichts unternehmen, werden sie alle krank.' Drei Tage darauf erschien Roncalli zu einer Visitation. ‚Ich hatte nie Gelegenheit, mir Euer Haus einmal genauer anzuschauen', sagte er. Die Oberin freute sich über den unerwarteten Besuch und führte ihn durch das Haus. Roncalli bat, auch einen Blick in die Küche werfen zu dürfen. Die Oberin erklärte, in welchen finanziellen Schwierigkeiten sie sich befänden. ‚Sie haben kein Vertrauen auf die Vorsehung', erwiderte Roncalli. ‚Denken Sie an die Gesundheit Ihrer Schwestern; der Herr wird an das Übrige denken.' Von diesem Tag an erhielt die Oberin hin und wieder verschiedenste Gaben, begleitet von dem üblichen Kärtchen: ‚Von einem Wohltäter, der um ein Gedenken im Gebet bittet'.

Ein andermal suchte ihn ein Priester in seiner Sommerresidenz in Buyukada auf: Er müsse ihn dringend sprechen. Roncalli kannte ihn und schätzte ihn sehr. Der Priester war gekleidet wie ein Mechaniker; offenbar hatte das Geld nicht gereicht, sich angemessen einzukleiden. Roncalli ging mit keinem Wort auf die Kleidung ein, doch nach dem Besuch griff er zum Telefon und sagte dem Oberen des Konvents, in dem der Priester wohnte, er solle ihm im Namen eines ungenannten Wohltäters angemessene Kleidung kaufen; er selbst werde die Rechnung begleichen.

Nach dem Ausbruch des Zweiten Weltkriegs strich die italienische Regierung die Zuwendungen für eine von Ordensfrauen geleitete Schule in Istanbul. Der italienische Konsul riet zur Schließung der Schule, doch die Oberin wandte sich an Roncalli, der sie ermutigte, ihre Arbeit fortzusetzen. Er überreichte ihr tausend Schweizer Franken zur Bestreitung der dringendsten Ausgaben. ‚Wenn Sie mehr brauchen', sagte er bei der Verabschiedung, ‚besuchen Sie mich. Und wenn ich den Bischofsring verkaufen und den Hermelin am Bischofsgewand durch ein Lammfell ersetzen muß, was doch keiner merkt: das Werk der Schwestern muß weitergehen.' "

Pater Giorgio fährt sichtlich gerührt fort, von ähnlichen Beispielen der Großherzigkeit Roncallis zu berichten. Nachhaltig beeindruckt hat ihn die Sensibilität, mit der er anderen half:
„Er wollte auf keinen Fall, daß jemand es als Demütigung empfand, um Hilfe bitten zu müssen. So pflegte er zu sagen: ‚Mein Lieber, wir verstehen uns ... Auch ich komme aus einer Familie, die nie im Geld geschwommen hat. Nur Mut! Sie sollen wissen, daß dieses Haus Ihnen jederzeit offen steht. Vergessen Sie das nicht!'
Er scheute sich nicht vor persönlichen Opfern, um anderen helfen zu können. Oft hat er sogar aufs Essen verzichtet. Während seines Aufenthalts in der Türkei hat er nie ein Auto gehabt; in der Stadt ging er zu Fuß oder fuhr mit der Straßenbahn. Nur in den seltensten Fällen nahm er einmal ein Taxi.
Roncalli hat es in der Türkei stets abgelehnt, von einer Gemeinde oder einem Institut für eine religiöse Zeremonie eine Spende in Empfang zu nehmen. Auch von mir hat er nie etwas angenommen, obwohl ich sein Freund war und wußte, was er brauchte. Höflich

verweigerte er die Annahme des Umschlags mit Geld und sagte schmunzelnd: ‚Wer weiß, welche Falle das ist. Ich traue der Sache nicht.' Wenn man wollte, daß er etwas annahm, mußte man sagen: ‚Das ist für dieses oder jenes bedürftige Institut; das ist für die Armen und die Kranken ...' Dann nahm er die Spende entgegen und gab den Umschlag seinem Sekretär, damit er ihn entsprechend weiterleitete.

1941 bekam er zu seinem 60. Geburtstag von seinen Freunden eine ansehnliche Summe Geld geschenkt. Er wollte es für einen guten Zweck verwenden und finanzierte damit die Instandsetzungsarbeiten in der Residenz der Apostolischen Delegation, in der Pfarrkirche, in Schulen und im Seminar. Nach kurzer Zeit waren all seine Mittel aufgebraucht. Als er nach Paris versetzt wurde, schloß er mit einem großen Defizit, weil er noch kurz vor seiner Abreise verschiedensten Wohltätigkeitsorganisationen großzügige Spenden machte. Sein karitatives Engagement stieß nicht bei allen auf Verständnis. Mancher sagte ihm, er übertreibe. Nicht jeder Fall war so dramatisch, wie er ihm geschildert wurde, öfter wurde er getäuscht. Auf entsprechende Vorhaltungen erwiderte er: ‚Lieber will ich beschämt feststellen, daß ich mich habe täuschen lassen, als bedauern zu müssen, daß ich einem, der von mir zu Recht Verständnis und Großzügigkeit erwarten durfte, nicht geholfen habe.'

An sich selber hat er zuletzt gedacht; nie hatte er Geld bei sich. Wenn er etwas brauchte, um beispielsweise Rasierklingen oder Briefpapier zu kaufen, erbat er das nötige Kleingeld von seinem Sekretär. Auch seine persönliche Ausstattung war bescheiden. Sorgsam pflegte er seine Kleidung, damit die Sachen möglichst lange hielten. Er ersetzte sie erst, wenn es wirklich nicht mehr anders ging. Klerikerkleidung war in der Türkei 1936 von Kemal Atatürk verboten worden. Als Vertreter des Heiligen Stuhls hätte Roncalli mit entsprechendem Nachdruck vielleicht die Erlaubnis zum Tragen des Talars erhalten, doch er zog es vor, sich zu kleiden ‚wie die anderen Priester'.

Es störte ihn nicht, in bürgerlicher Kleidung zu gehen. Schwierig war es allerdings, die entsprechende Größe zu finden; denn er war von kräftiger Statur. Ohne Maßanfertigung, die ein befreundeter griechischer Schneider besorgte, war nichts zu machen. Er kleidete sich bescheiden, aber angemessen. Scherzend sagte er: ‚Was soll's: Auch in Zivil sehe ich aus wie ein Notar aus der Provinz.'

Sein Übergewicht machte ihm zu schaffen; er bemühte sich, Diät zu halten. Hin und wieder begleitete ich ihn zum Krankenhaus, wo er sich untersuchen ließ. Manchmal scherzte er auch über seinen Leibesumfang. Auch ich war damals eher beleibt, was ihn einmal dazu veranlaßte, sich mit der Hand auf den Bauch zu schlagen und mir zu sagen: ‚Wir zwei gehören derselben Partei an.'

Als in der Türkei die Ordensleute gesetzlich verpflichtet wurden, in Zivil zu gehen, und die Generaloberin der ‚Kleinen Schwestern der Armen' daraufhin ihre Schwestern nach Frankreich zurückrufen wollte, besuchte Roncalli in Zivil die Schwestern und erklärte ihnen: ‚Der Bischof will euch nicht ziehen lassen. Wenn ihr geht, verschwindet die Liebe aus einem Winkel der Erde, der sehr der Gegenwart Jesu durch ihm geweihte Seelen bedarf. An den Wechsel des Gewandes gewöhnt man sich schnell. Im übrigen hatten die frommen Frauen, die Jesus folgten und sich seinem Dienst geweiht hatten, weder Schleier noch

Tand. Sie unterschieden sich von den anderen Frauen allein durch die Liebe, mit der sie dem Herrn und seinem Beispiel folgten.'"

„Wie wurde Roncalli von der türkischen Regierung eingeschätzt?" wollte ich von Pater Montico wissen.

„Anfangs genoß er wohl kein großes Vertrauen, doch nach und nach hat er durch seine Klugheit und Güte alle für sich gewonnen. Er besaß eine geradezu magische Gabe, Freundschaft zu schließen. Wer einige Stunden mit ihm verbracht hatte, vergaß ihn nie wieder."

Als der Zweite Weltkrieg ausbrach, entstanden neue Probleme. Italien hatte Frankreich und England den Krieg erklärt, und der nationalistische Geist drohte die „christliche Liebe" unter den europäischen Ordensleuten in der Türkei zu ersticken. Auch in jener Situation agierte Roncalli sehr klug. In seiner Istanbuler Kanzlei arbeitete ein französischer Ordensmann, der im Ersten Weltkrieg mitgekämpft hatte. Am Tag nach der Kriegserklärung Italiens an Frankreich erwartete Roncalli ihn morgens um acht vor der Tür der Apostolischen Delegation. Sobald er ihn sah, ging er auf ihn zu und umarmte ihn mit den Worten: „Was zwischen unseren beiden Ländern geschehen ist, darf unser Zusammenleben nicht beeinträchtigen. Wir sind Brüder in Christus und werden uns weiterhin gern haben."

Zu dieser Zeit starb in Istanbul ein englischer Offizier. Er war Katholik, aber niemand informierte Roncalli. Als er schließlich doch davon erfuhr, bedauerte er sehr, nicht beim Begräbnis gewesen zu sein. Als einige Wochen darauf ein italienischer Offizier starb, wurde Roncalli sogleich in Kenntnis gesetzt. „Ich werde für den Verstorbenen beten", sagte er. „Doch ich kann nicht an seinem Begräbnis teilnehmen, weil ich nicht bei der Beerdigung des englischen Offiziers gewesen bin. Die Leute könnten denken, ich wäre ein Nationalist."

Die Türkei war ein neutrales Land, und so wandten sich Diplomaten aus aller Welt an den dortigen vatikanischen Vertreter Roncalli mit der Bitte, nach vielen Seiten Verbindungen herzustellen. Vor allem setzte er sich dafür ein, Juden und politische Flüchtlinge zu retten. Häufig unternahm er zu diesem Zweck Reisen nach Griechenland, was schwierig und gefährlich war. Viele tausend Juden verdanken es dem diplomatischen Einsatz Roncallis, daß sie den Greueltaten entgangen sind. Bekanntgeworden ist z. B. jener Vorfall: Ein Schiff voller jüdischer Kinder aus Rumänien hatte die deutsche Blockade durchbrochen und war in den Hafen von Istanbul eingelaufen, wo es festgehalten wurde. Um Auseinandersetzungen mit Deutschland zu vermeiden, entschied die Türkei, das Schiff zurückzuschicken. Dies hätte für die Kinder den Tod bedeutet; vielleicht in einem Konzentrationslager, vielleicht, so besagten Gerüchte, durch Versenkung des Schiffes nach dem Verlassen der türkischen Gewässer.

Pater Giorgio Montico berichtet: „Die Lage war sehr ernst. Von der Terrasse meines Klosters sah ich das Schiff, das im Hafen festsaß. Roncalli hat stundenlang schweigend zugesehen. Ich wußte, wie sehr er gerade die Kinder liebte, und konnte mir vorstellen, was in ihm vorging. Er hat diese diplomatische Angelegenheit mit großer Entschiedenheit und ebenso großer Sorge behandelt. Nach vielen schwierigen Kontakten willigte die türkische Regierung ein, daß das

Schiff die Dardanellen durchqueren und die Kinder in Sicherheit bringen durfte."

In der Türkei hatte Roncalli den ehemaligen deutschen Reichskanzler Franz von Papen (1879–1969) kennengelernt, der in Hitlerdeutschland eine unheilvolle politische Rolle spielte, aber nie den Extremismus des „Führers" teilte. Nach seiner öffentlichen Stellungnahme gegen den Totalitätsanspruch der NSDAP schied er 1934 aus der Regierung aus, wurde Gesandter und dann Botschafter in Wien und, von 1938 bis 1944, Botschafter in Ankara. Im Seligsprechungsprozeß von Papst Johannes wurde auch von Papen als Zeuge gehört. Er sagte aus, daß Mgr. Roncalli sich Tag und Nacht für die Menschen eingesetzt habe, die aus den von den Nazis eroberten Gebieten flüchteten. Es waren vor allem Juden. Von Papen sagte aus, nach seiner Schätzung habe Roncalli in jenen Jahren etwa 24.000 Juden gerettet.

Über den Feldmarschall Wilhelm von List, der die Truppen Hitlers in Griechenland befehligte und ein Freund von Papens war, gelang es Roncalli, auch in diesem Land viele tausend Menschen zu retten. Wenn Partisanen zum Tod verurteilt worden waren, reichte er regelmäßig ein Gnadengesuch ein, und das Todesurteil wurde in lebenslängliches Zuchthaus umgewandelt. Pater Montico berichtete, daß Roncalli auch zahlreiche Katholiken, darunter Ordensmänner und -frauen, hat retten können. „Doch niemand erfuhr von seinem Wirken", fuhr er fort, „Roncalli handelte im Verborgenen und bediente sich seiner einflußreichen Bekanntschaften, ohne selbst in Erscheinung zu treten. Bis auf einige Ordensleute hat er nie Personen aufgesucht, die es ihm zu verdanken haben, daß sie mit dem Leben davon gekommen sind.

Eines Tages, es war im Jahr 1942, trafen in Istanbul die Schwestern einer in Rumänien tätigen Ordensgemeinschaft ein. Sie waren gezwungen worden, ihre Institute zu schließen und das Land zu verlassen. Roncalli besuchte sie. Es waren lauter alte Ordensfrauen, sie machten einen gebrochenen Eindruck, einige weinten. Um sie aufzumuntern, hielt Roncalli eine kleine Ansprache, in der er es sich nicht nehmen ließ, scherzend festzustellen: ‚Ihr müßt euren Eltern großen Gehorsam und Respekt entgegengebracht haben. Denn es heißt in der Heiligen Schrift: Du sollst deine Eltern achten und ehren, damit du lange lebst auf Erden.' Die Schwestern brachen in Lachen aus ..."

„Stimmt es, daß Mgr. Roncalli Juden gefälschte Taufbescheinigungen aushändigte, um sie zu retten?" fragte ich Pater Giorgio.

„Nein, nicht daß ich wüßte. Ich habe derartige Meldungen in einigen Zeitungen gelesen, halte sie aber nicht für glaubwürdig. Roncalli war ein durch und durch ehrlicher Mensch; er hätte keine Fälschungen akzeptiert. Er half allen, interessierte sich für jeden, aber er hat stets legale Wege beschritten. Er war ein eher skrupulöser Mensch; falsche Taufbescheinigungen auszustellen wäre gegen sein Gewissen gewesen."

Roncalli war ein Mensch mit festen Prinzipien – auch in alltäglichen Situationen. Pater Montico erinnert sich an eine Begebenheit aus dem Jahr 1939: „In Istanbul bot sich Roncalli und mir die Gelegenheit, alte Teppiche besonders günstig zu erstehen. Roncalli, der eine Vorliebe für Antiquitäten hatte, kaufte zwei: einen für sich und einen als Geschenk für das Seminar in Bergamo. Auch ich habe zwei genommen, die ich der Kirche San Francesco in Assisi schenken wollte. Allerdings war es nicht leicht, die Ware nach Italien einzuführen. Ich schlug Mgr. Roncalli vor, sie als Diplomatengepäck zu deklarieren, um die Zollinspektion zu umgehen. Doch davon wollte er nichts wissen. Ich versicherte ihm, daß dies durchaus statthaft sei; es sei ja kein illegales Handelsgeschäft. Wir würden nur rechtmäßig erstandene Ware nach Hause bringen. So konnte ich ihn schließlich überreden, und als er in die Ferien nach Italien aufbrach, nahm er die Teppiche mit. Ganz wohl war ihm allerdings nicht zumute. Sein Gewissen plagte ihn, als ob er schwere Schuld auf sich geladen hätte, und außerdem fürchtete er einen Tadel seitens des Vatikans.

Von Italien aus schrieb er mir: ‚Ich habe mir überlegt, wie ich mich rechtfertigen könnte, falls die schreckliche Kommission auf die Beförderung der Teppiche zu sprechen kommt. Ich weiß nicht, was ich von meiner Seite jetzt noch mehr tun könnte. Ich habe zeitig dem verehrten Pater Giusta einen diesbezüglichen Brief geschrieben und werde auch sagen, daß ich in 15 Jahren nie die Zollfreiheit des Vatikans mißbraucht habe, nicht einmal für eine Nadel oder Zigarette. Wenn ich Gnade finde, ist es gut. Wenn nicht, gehört das zu dem Elend, das wir in diesem armseligen Leben zu erleiden haben. In diesem Fall wird S. Francesco keinen Teppich bekommen, und das Seminar von Bergamo und ich ebenfalls nicht.'

Die Geschichte mit den Teppichen hat er mir nicht verziehen: Ich hatte ihn zu einer Sünde verleitet, der er sich auch später öfter bezichtigte. Es war wohl das erste und letzte Mal, daß Mgr. Roncalli etwas getan hat, was nicht voll und ganz mit dem Gesetz in Einklang stand."

Nuntius Roncalli erobert Paris

Einem einfachen, gutherzigen Menschen wie Roncalli bedeutete das Weihnachtsfest viel, und so bereitete er sich auch im Dezember 1944 sehr bewußt auf die Feier der Geburt Christi vor. Er war allein in seiner Istanbuler Wohnung, als in diesen Adventstagen ein verschlüsseltes Telegramm vom Heiligen Stuhl bei ihm einging. Roncalli versuchte, es zu lesen: „Kehren Sie sofort nach Rom zurück; denn Sie sind nach Paris versetzt worden." Verdutzt fragte er sich, ob er den Text wirklich richtig entschlüsselt hatte. „Ich verstehe überhaupt nichts", sagte er und legte das Telegramm auf den Schreibtisch, in der Erwartung, daß der zuständige Mitarbeiter, der sich besser auskannte, die Sache bald klären würde. Dieser kam und las ihm das Telegramm vor. Roncalli hatte es ganz richtig verstanden. Nachdenklich und mit ruhiger Stimme meinte er: „Das muß wohl ein Irrtum sein."

Angelo Roncalli war 63 Jahre alt. Er war müde. In seinen Gedanken malte er sich manchmal aus, sich nach Sotto il Monte in den Ruhestand begeben und sich seinen Geschichtsbüchern widmen zu können. Seit 40 Jahren arbeitete er schon an einem Werk über Karl Borromäus, und es tat ihm leid, daß er nie Zeit fand, es zum Abschluß zu bringen. Im Ruhestand würde er endlich die nötige Muße finden ...

Und jetzt sollte man in Rom beschlossen haben, ihn

nach Frankreich zu versetzen? Unmöglich! Zumal der Sitz in Paris zu den wichtigsten und schwierigsten Nuntiaturen gehörte ... Das war nichts für ihn, den „Diplomaten an der Peripherie", der immer in politisch wenig bedeutenden Ländern tätig gewesen war. Das Telegramm war sicherlich für einen anderen bestimmt ...
Drei Tage später traf ein Brief des Substituten des Vatikanischen Staatssekretariats Tardini ein, in dem dieser die Ernennung bestätigte und Roncalli bat, möglichst bald in die französische Hauptstadt umzuziehen. Die Nachricht hinterließ in Roncalli eine tiefe Traurigkeit. Nachdem er sich unter großen Schwierigkeiten an sein Arbeitsfeld in der Türkei gewöhnt hatte, sollte er wieder alles verlassen und sich abermals in einer völlig anderen Umgebung einfinden? Für einen Moment verspürte er Unwillen, ja Resistenz, die er nur durch den Gedanken überwand, daß er, falls dies der Wille Gottes war, gehorchen mußte.
Er traf sofort die Vorbereitungen für seinen Abschied von Istanbul. Die Koffer waren gepackt, er verabschiedete sich von Freunden und Mitarbeitern und brach auf. Bei einem Zwischenaufenthalt in Rom wollte er herausfinden, „warum sie ausgerechnet mich nach Paris schicken".
„Sie können sich nicht vorstellen, Nuntius in Paris zu sein?" fragte ihn ein Mitarbeiter des Staatssekretariats. Und er fuhr fort: „Ehrlich gesagt, können auch wir Sie uns dort nicht vorstellen. Aber die anderen kamen noch weniger in Frage ..."
Eine liebenswürdige, ermutigende Auskunft! Roncalli war Gott sei Dank gewohnt, unsanft behandelt zu werden. Höflich bat er um eine Privataudienz beim Papst. Sie wurde ihm gewährt. Als er vor Pius XII.

stand, sagte dieser: „Ich habe sieben Minuten Zeit. In Paris ist die Lage recht gespannt. Das drängendste Problem, das geklärt werden muß, ist der Vorwurf, rund 50 Bischöfe seien ‚Kollaborateure' des Vichy-Regimes und der Deutschen gewesen. Die neue Regierung will sie aus dem Amt entfernen ..."

Roncalli verließ die kurze Audienz mit klaren Vorstellungen von dem, was ihn erwartete. In Frankreich befand sich die Kirche in einer vertrackten Situation. Die Regierung von Vichy, die von 1940 bis 1944 amtierte, markiert einen düsteren Abschnitt in der französischen Geschichte. In der Nachkriegszeit kam es zu heftigen Reaktionen gegen jene, die das Regime gestützt hatten. Kein vatikanischer Diplomat von Rang und Namen war gewillt, sich in der heiklen Frage des Verhaltens des französischen Episkopats die Finger zu verbrennen. So war die Wahl auf Angelo Roncalli gefallen.

Roncalli machte sich unverzüglich auf den Weg nach Paris, wo er gleich aktiv wurde. Bereits in den ersten Tagen konnte er einen „Erfolg" verbuchen.

In Paris war er am Abend des 30. Dezember eingetroffen. Am 1. Januar, morgens um 9 Uhr, war er schon im Elyséepalast, um General Charles de Gaulle, dem provisorischen Präsidenten, seine Aufwartung zu machen. Dieser bereitete ihm einen äußerst kühlen Empfang.

Roncallis Eile hatte, wie sich wenige Stunden darauf zeigen sollte, ihren guten Grund. Er verzichtete auf die übliche Eingewöhnungszeit, die dazu dient, sich vor Ort einen Überblick über die Lage zu verschaffen; denn er wollte es sich nicht nehmen lassen, die Ansprache beim Neujahrsempfang der in Frankreich akkreditierten Diplomaten zu halten. Es ist üblich, daß diese im Präsidentenpalast ihre Neujahrswünsche überbringen, und bei derartigen Gelegenheiten kommt es traditionell dem Apostolischen Nuntius zu, die offizielle Rede zu halten. Der Nuntius gilt als „Dekan", als *primus inter pares* im Diplomatischen Corps. In der Annahme, der Nachfolger des bisherigen Nuntius werde noch nicht zugegen sein, hatte der sowjetische Botschafter als Dienstältester eine Rede vorbereitet. Mit dem Text in der Hand, der per Sonderkurier aus Moskau eingetroffen war, kam er zum Präsidentenpalast, wo er feststellen mußte, daß Roncalli ihm zuvorgekommen war. Wenige Stunden nach seinem Amtsantritt hielt dieser seine Ansprache, die sich in Inhalt und Ausdruck deutlich von der vorgesehenen Rede des sowjetischen Botschafters unterschied.

In Paris traf Roncalli auf eine eisige Atmosphäre. Frankreich war von Ressentiments und Wut auf die Kollaborateure geprägt; unter den Partisanen und den Politikern, die verfolgt und vielfach inhaftiert gewesen waren, gab es manche, die Vergeltung für das erlittene Unrecht forderten. Auf Häusermauern wie in den Zeitungen war immer wieder das Wort „Reinigung" zu lesen. Und auf der Liste mit den Namen derer, die sich dieser „Reinigung" zu unterziehen hatten, waren auch 50 Bischöfe aufgeführt. Roncalli hatte vom Papst den Auftrag, sie nach Möglichkeit zu „retten". Einige von ihnen waren in der Tat dem Vichy-Regime mehr oder weniger verbunden gewesen. Es galt, im Einzelfall zu prüfen, was an den Vorwürfen berechtigt war, und ungebührlichen Schaden von der Kirche abzuwenden.

Roncalli begann mit den entsprechenden Stellen zu verhandeln, eine entnervende Aufgabe, die er in unerschütterlicher Geduld in Angriff nahm. Zunächst gelang es ihm, die Zahl der betroffenen Bischöfe auf 30 zu senken. Es folgten weitere Gespräche; die Treffen und Diskussionen mit de Gaulle zogen sich über zehn Monate hin. Nach Abschluß der Verhandlungen und Untersuchungen konnte der Nuntius nach Rom telegraphieren: „Es ist uns gelungen, von der Zahl 30 die Null zu entfernen."

Frankreich bedeutete für ihn ein ungewohntes Ambiente. Zwanzig Jahre lang war er in Bulgarien, in der Türkei und in Griechenland gewesen; jetzt mußte er sich auf eine völlig andere Umgebung einstellen, in der es auf Esprit und die Pflege von Beziehungen ankam. Roncalli studierte einige Monate lang aufmerksam die Bühne, auf der er sich nun zu bewegen hatte, und er fügte sich gut in seine neue Rolle. Eine seiner Erkenntnisse faßte er in die Worte: „Ich treffe mich mit meinen Kontrahenten lieber zu einem guten Essen, als sie mit diplomatischen Protestnoten zu überschütten."

In kurzer Zeit verschaffte sich der schüchterne Bauernsohn aus Sotto il Monto, der mit Worten ebenso sparsam war wie bei den Ausgaben fürs Essen, den Ruf eines schlagfertigen Gesprächspartners und eines Gastgebers, der zu leben versteht. Dabei blieb er persönlich seiner gewohnten bescheidenen Lebensweise treu; doch in der Öffentlichkeit spielte er so gut Komödie, daß er sich selbst die schärfsten Gegner zu Freunden gewann.

Während eines offiziellen Empfangs in Paris erinnerte ein Redner an Roncallis bescheidene Herkunft, um sodann seinen weiteren Lebensweg zu würdigen. Roncalli bedankte sich lächelnd und antwortete: „In

Italien, liebe Freunde, gibt es drei Weisen, sein Geld zu verlieren: mit Frauen, durch Spiel und in der Landwirtschaft. Meine Vorfahren haben letzteres, das langweiligste, gewählt."

Bei einem diplomatischen Empfang, ebenfalls in Paris, bemerkte Roncalli, daß der sowjetische Botschafter Bogomolow verdrossen abseits stand. Er ging auf ihn zu und sprach ihn an: „Exzellenz, wir kämpfen auf verschiedenen Seiten, doch eine wichtige Sache haben wir gemeinsam: den Bauch. Wir sind beide ‚Rundlinge'." Bogomolow lachte von Herzen, und bei künftigen Begegnungen nutzten sie gern die Gelegenheit zu einer Unterredung. Der Inhalt dieser Gespräche ist nie bekannt geworden. Vielleicht waren auch sie ein Anknüpfungspunkt für die geheimen Beziehungen des Vatikans zur Sowjetunion, die, wie später zu erwähnen ist, für die internationale Politik von unüberschätzbarer Bedeutung werden sollten.

Wenn Roncalli über religiöse Fragen diskutierte, hob er stets hervor, daß Gott mehr Vater als Richter ist; er sprach lieber vom Himmel als von der Hölle, und menschliche Schwächen weckten in ihm Mitgefühl, nicht Verachtung. Vom Glauben sprach er wie von einem *leichten* Joch, und er wußte, daß man das Christentum nur in Liebe anbieten kann, daß es den Menschen nie gewaltsam eingetrichtert werden kann und darf. Er scheute sich nicht, einmal öffentlich zu bekennen: „Unter Atheisten oder Kommunisten fühle ich mich oft wohler als unter gewissen fanatischen Katholiken."

Wenn er sich in „weltlichen" Kreisen bewegte, verstand er es meisterhaft, mit seiner heiteren, versöhnlichen Art Situationen zu entkrampfen und zu entschärfen. Auf die boshafte Frage eines Botschafters aus dem Ostblock, ob es ihn denn nicht störe, einen Salon zu betreten, in dem sich so viele Damen mit dekolletierten Kleidern aufhielten, entgegnete der Nuntius: „Nein, denn ich schaue nicht hin; im übrigen schauen auch die andern nicht hin, denn die betrachten mich, um zu sehen, wie ich reagiere ..."

Edouard Herriot (1872–1957), ein bekannter französischer Politiker, der fünfzig Jahre Bürgermeister von Lyon, Mitte der 20er Jahre Ministerpräsident, dann mehrfach Minister und von 1947 bis 1954 Präsident der Nationalversammlung war, äußerte einmal: „Wenn alle französischen Bischöfe wie Roncalli gewesen wären, wäre es in Frankreich nie zum Antiklerikalismus gekommen." Viele haben es, vielleicht zu Recht, Roncalli zugeschrieben, daß Herriot sich vor seinem Tod mit der Kirche versöhnte.

Robert Schuman (1886–1963), der große französische Staatsmann und einer der Väter der europäischen Einigung, sagte über Roncalli: „Der Nuntius ist in ganz Paris der einzige Mensch, der überall, wo er hinkommt, den Frieden mitbringt."

In der ersten Zeit seines Aufenthalts in Paris wurde Roncalli von Vincent Auriol (1884–1966), dem bedeutenden Sozialisten, ein wenig argwöhnisch betrachtet. Eines Tages sprach Roncalli ihn an und sagte: „Uns trennen nur die politischen Meinungen. Scheint Ihnen nicht, daß es sich dabei, aufs ganze gesehen, um eher unbedeutende Dinge handelt?" Auriol war betroffen von der tiefen Menschlichkeit, die aus den Worten Roncallis sprach, und von dem Tag an wich die kühle Distanz einer herzlichen Freundschaft.

Im Januar 1953, nach der Ernennung des Nuntius zum Kardinal, überreichte Auriol, zwischenzeitlich zum Präsidenten gewählt, Roncalli das Kardinalsbarett. Einer alten Tradition folgend wurde diese Zeremonie in einigen katholischen Ländern vom Staatsoberhaupt vollzogen. Roncalli hätte sich die Feier, die im Elyséepalast stattfand, in möglichst kleinem Rahmen gewünscht. Doch als die Nachricht bekannt wurde, trafen viele Gesuche von Leuten ein, die gern teilnehmen wollten. Bei der Zeremonie hob zunächst der kanadische Botschafter seine „lange Freundschaft mit dem Nuntius" hervor, dann der Botschafter der Türkei, der Griechenlands ...; der Reigen setzte sich fort. In diesem Augenblick wurde sichtbar, wie bekannt und beliebt Angelo Roncalli war. Präsident Auriol, Atheist und Sozialist, war sehr bewegt. Als Roncalli sich vor ihm niederkniete, um das Barett zu empfangen, machte Auriol Anstalten, das Weite zu suchen, doch ein scharfer Blick des Protokollchefs hielt ihn davon ab. Auriol beugte sich über Roncalli, und mit zitternder Stimme sagte er zu ihm: „Nicht doch, Eminenz, erheben Sie sich: *Ich* müßte vor Ihnen niederknien."

Als Nuntius in Paris stellte Roncalli in einer schwierigen Angelegenheit seinen Gerechtigkeitssinn unter Beweis. Im November 1945 begann in Nürnberg der Hauptprozeß zur Ahndung von NS-Straftaten, und unter den Angeklagten befand sich auch Franz von Papen, den Roncalli als deutschen Botschafter in der Türkei kennengelernt hatte. Jeder der Angeklagten durfte einen Fragebogen an Personen schicken, die möglicherweise etwas zu ihrer Entlastung aussagen könnten. Von Papen wandte sich an Roncalli. Der Nuntius befand sich in einer prekären Lage; die Nürnberger Prozesse waren ein heißes Eisen: Wer einen Angeklagten verteidigte, lief Gefahr, von der

Nuntius Roncalli im Gespräch mit dem französischen Sozialistenführer Vincent Auriol

Presse als nazifreundlich verschrien zu werden. Jeder kluge Diplomat hätte versucht, sich herauszuhalten. Von Papen saß neben Leuten, auf die das Todesurteil wartete. Wie war sein Verhalten zu bewerten? Er hatte Anspruch auf ein gerechtes Urteil, und so beantwortete der Nuntius die Fragen nach bestem Wissen und Gewissen, in skrupulöser Wahrheitstreue, ohne sich um mögliche Vorwürfe zu kümmern. Man weiß nicht, ob seine Aussagen das Urteil der Richter von Nürnberg beeinflußt haben; jedenfalls wurde Franz von Papen freigesprochen. Speziell in der kommunistischen Presse Frankreichs fehlte es nicht an scharfen Vorwürfen an die Adresse des Nuntius, der als Unterstützer der Nazis hingestellt wurde. Roncalli hingegen wollte nichts tun als seine Pflicht.

Trotz seiner vielen Verpflichtungen hat Angelo Roncalli sein Dorf und seine Angehörigen nicht vergessen. Er schickte Briefe nach Hause und wollte selbst immer auf dem laufenden gehalten werden. Oft ließ er seinen Schwestern eine kleine finanzielle Unterstützung zukommen. Dies pflegte er bereits früher zu tun, wie ein Brief zeigt, den er aus der Türkei seinem Freund Cocconi schrieb. Roncalli bat ihn um einen Gefallen, nicht für sich, sondern für seine Schwestern, deren wirtschaftliche Lage und Bildung „bescheiden" seien, was man von ihrer Stellung vor Gott nicht sagen könne. Cocconi möge in seinem Namen einen Scheck über 1000 Lire an Maria und Ancilla Roncalli in Sotto il Monte schicken. In diesem Brief fährt Roncalli fort: „Verzeihen Sie meine Vertraulichkeit: Aber ich schicke diesen Geschöpfen jeden Monat ein wenig Geld, und diesmal befinde ich mich in der Verlegenheit, nicht zu wissen, wie ich es ihnen zukommen lassen soll. Sie wissen selber, wie schwierig es ist, italienisches Geld nach Italien zu schicken."

Während seiner Pariser Zeit sorgte sich Roncalli um einen seiner Neffen, der als Seminarist in Bergamo Schwierigkeiten hatte. Obwohl der Nuntius mit ernsten Problemen beschäftigt war, die die Kirche in Europa betrafen, fand er Zeit, sich wie ein Vater um das Schicksal seines Neffen zu kümmern. Ein beredtes Zeugnis dafür sind einige Briefe an seinen früheren Schüler Giuseppe Battaglia, der zwischenzeitlich Bischof von Faenza geworden war. Wichtig ist insbesondere der erste, sehr lange Brief, aus dem Roncallis Menschenkenntnis und sein psychologisches Fingerspitzengefühl sprechen. Zugleich gibt er Einblick in seine Urteilskriterien, in seine verständnisvolle Haltung gegenüber der Jugend und in sein Mißtrauen gegenüber bestimmten zeitgenössischen pädagogischen Methoden. Am 28. September schreibt Roncalli aus Nîmes:

„Seit einem Monat läßt mich ein tiefer Schmerz nicht los, der privater, familiärer Natur ist und den ich Ihrem Verständnis und dem Herzen eines Freundes und Mitbruders aus Bergamo anvertrauen möchte. Vielleicht wissen Sie, daß zwei meiner Brüder Väter einer großen Schar von Kindern sind. Einer hat acht Kinder, der andere zehn. Aus dem Kreis meiner Nichten und Neffen sind schon zwei sehr tüchtige Ordensfrauen hervorgegangen; eine ist in Rom bei den *Figlie di Nostro Signore del S. Cuore*, den sog. Töchtern von Issodun, die andere bei den *Pie Madri della Nigrizia*; diese arbeitet mit gutem Erfolg in Asmara/Eriträa.

Der älteste Sohn meines Bruders Giovanni ist seit zehn Jahren im Seminar zu Bergamo. Er ist 25 Jahre alt. Seine ersten Studien hat er bei schwacher Gesundheit ... absolviert. Für sein Verhalten bekam er immer gute Noten; in den Lernfächern war er hingegen stets schwach. Nicht, daß es ihm an der nötigen Auffassungsgabe fehlt, eher liegt es an seiner Schwierigkeit, sich frei auszudrücken. Völlig unbegabt ist er für Mathematik, obwohl er, insbesondere in Arithmetik, seinen Onkel Nuntius übertrifft ... – und auch etliche unserer guten Bekannten, so z. B. meinen vortrefflichen Reisegefährten, Dr. ..., der mir einmal gestand, zwar gut addieren und subtrahieren zu können, vom Multiplizieren aber wenig und vom Dividieren rein gar nichts zu verstehen. Und doch hat er es zum langjährigen, geschätzten Ökonom des Seminars gebracht, und nun wirtschaftet er in Seriate mit Millionen von Lire ... Offenbar sind die heutigen Unterrichtsprogramme in diesen Fächern, die auf die moderne Technik vorbereiten, auch in den Seminaren sehr anspruchsvoll. Ich möchte mich dazu nicht deutlicher äußern.

Berücksichtigen Sie bitte, daß dieses Minderwertigkeitsgefühl und das damit verbundene Leiden unter dem Studieren sich auch ein wenig auf seinen Charakter ausgewirkt hat: Er ist schüchtern, etwas introvertiert gegenüber den Lehrern und Vorgesetzten, deren Urteil er immer fürchtet; doch seinen Gefährten gegenüber, die ihn schätzen und lieben, ist er durchaus offen."

Der Nuntius unterstreicht sodann, daß sein Neffe ungeachtet aller Fehleinschätzungen und Vorschläge, die kirchliche Laufbahn abzubrechen, an seinem Wunsch, Priester zu werden, festgehalten habe. Er verfolge keine anderen Ziele, als „ein guter Priester zu werden und ein bißchen Gutes zu tun". Schließlich schlägt er dem Bischof vor, ihn in seinem Seminar, zumindest probeweise, zum ersten Theologiesemester zuzulassen.

Wie hätte der Bischof auf eine derartige Bitte abschlägig antworten können? Battaglia stellte der Aufnahme des Neffen Roncallis ins Seminar nichts in den Weg. Der Neffe präsentierte sich dort mit einem Empfehlungsschreiben seines Onkels, in dem es heißt: „Hier ist nun der Junge, mein Neffe. Es erübrigt sich, zu seiner Vorstellung oder Empfehlung weitere Worte zu verlieren. Er hat viel guten Willen. Er braucht ein vertrauensvolles, unbeschwertes Umfeld. Auch wenn er sich nicht mit Lorbeeren oder dem Ruhm der Wissenschaft wird zieren können, meine ich doch, daß aus ihm ein guter, mehr als ausreichend gebildeter Priester werden kann, der viel Eifer und gesunden Menschenverstand besitzt. Ich bitte Euch, seinetwegen keine Ausnahme zu machen." Der Onkel hatte die Lage gut eingeschätzt. Sein Neffe kam im Seminar bestens zurecht, „vor allem", so Roncalli in einem Brief an Battaglia, „weil er sich geachtet fühlt ... Ich glaube, wenn man ihm Zeit läßt und das, was er schreiben kann, mehr berücksichtigt als seine Fähigkeit zur Selbstdarstellung, dann wird es nicht schwerfallen zu begreifen, daß er die nötigen Voraussetzungen für den priesterlichen Dienst mitbringt".

*Patriarch
im geliebten Venedig*

Am 15. Januar 1953, während der französische Staatspräsident Vincent Auriol dem Nuntius Roncalli im Elyséepalast das Kardinalsbarett überreichte, verkündete Papst Pius XII. im Konsistorium zu Rom vor den anwesenden Kardinälen seine Ernennung zum Patriarchen von Venedig. Diesmal traf die Nachricht Roncalli nicht überraschend. Er wußte bereits, daß er für diesen Bischofssitz auserkoren war. Einige Monate zuvor muß Pius XII. ihm gegenüber eine entsprechende Andeutung gemacht haben, wie aus einem Brief hervorgeht, den Roncalli zu Weihnachten 1952 seinem ehemaligen Schüler und Freund, Giuseppe Battaglia, damals Bischof von Faenza, schrieb: „Was mich betrifft, möchte ich Ihnen in absoluter Vertraulichkeit mitteilen, daß der Heilige Vater in seiner wundersamen Güte mir gegenüber mich bat, nach meiner Pariser Mission und vielleicht schneller, als man denkt, einen Dienst zu übernehmen, der für mich wie für die Öffentlichkeit eine Überraschung bedeutet. Dies veranlaßt mich, keine Pläne zu schmieden ... Warten wir also ohne Angst und in vollkommener innerer Ruhe die Ereignisse ab. Noch rund zwanzig Tage. Lieber Monsignore, seien Sie mir nahe mit Ihrem Gebet und Ihrer Freundschaft. Wir verstehen uns. Ich möchte ein demütiger Kardinal sein, bescheiden und heilig. Alles andere hat keine Bedeutung."

Vor seiner Abreise aus Paris wollte Kardinal Roncalli den amtierenden Premierminister und seine Vorgänger, die während seiner achtjährigen Tätigkeit als Nuntius die Regierungsgeschäfte geführt hatten, zu einem Essen einladen: Sozialisten, Christdemokraten und Radikale. Es war ihm gelungen, zu ihnen allen freundschaftliche Beziehungen herzustellen. Beim Abschiedsdiner waren die bedeutendsten Politiker Frankreichs vereint, die zum Wiederaufbau des Landes nach dem Krieg beigetragen hatten. Es war eine historische Begegnung: Vertreten waren der Präsident der Nationalversammlung Edouard Herriot, der Präsident der Nationalen Union Gaston Monnerville, der Regierungschef Renè Mayer sowie Georges Bidault, Felix Gouin, Renè Plèven, Edgar Faure, Andrè Marie, Robert Schuman und Antoine Pinay.

Den Trinkspruch auf den Nuntius brachte der alte Herriot aus, wie immer ein wenig brummig, aber unverkennbar bewegt: „Das französische Volk wird nie die Güte vergessen, die Feinfühligkeit, die Freundschaftsbezeigungen, die ihm von einem wahren Freund zuteil wurden ... Das französische Volk, das nicht frei ist von Fehlern, läßt sich von der Güte des Herzens verführen; diese Güte hat es im Nuntius, diesem französisch gewordenen Italiener, gefunden. Und Ihnen hat es sich von Herzen geöffnet."

Als 15. März 1953 zog Roncalli als neuer Patriarch feierlich in Venedig ein. Es war ein sonniger Tag; der Canale Grande war überfüllt mit Gondeln und Dampfbooten. In der Basilika San Marco grüßte Roncalli das Volk. Er sprach mit großer Leidenschaft. Unter anderem sagte er: „In aller Demut darf ich mich vorstellen. Wie jeder andere Mensch auf Erden komme ich aus einer Familie und aus einem ganz bestimmten Ort. Die Gnade einer guten Gesundheit, ein bißchen gesunder Menschenverstand, der mich die Dinge rasch und klar begreifen läßt, und eine Veranlagung zur Menschenliebe, die mich in der Treue zum Gebot des Evangeliums hält und meine wie anderer Menschen Rechte respektieren hilft: diese Gaben hindern mich, irgend einem Menschen Böses zuzufügen, und sie ermutigen mich, allen Gutes zu tun. Ich komme aus einfachen Verhältnissen; ich wurde dazu erzogen, mich mit einem bescheidenen Leben, auf dem der Segen Gottes ruht, zu begnügen, einem Leben ohne besondere Ansprüche, in dem die edelsten, höchsten Tugenden aufblühen können und der Aufstieg zu großen Höhen vorbereitet wird.

Die Vorsehung hat mich aus dem Dorf, in dem ich geboren wurde, herausgeholt und auf die Straßen der Welt geführt, in den Osten und in den Westen. Ich bin mit Menschen zusammengekommen, die unterschiedlichen Religionen und Ideologien anhängen, und habe die akuten, bedrohlichen gesellschaftlichen Probleme kennengelernt. Dabei konnte ich die Ruhe und die Ausgeglichenheit bewahren, um das Neue kennen- und schätzenzulernen, immer darauf bedacht, – unter Wahrung der Grundsätze des katholischen Credos und der Moral – mehr das zu suchen, was eint, als das, was trennt und Spannungen hervorruft.

Am Ende vieler Erfahrungen bin ich nun hier, Venedig zugewandt ... Gewiß übersteigt die hohe Stellung, die mir in Venedig anvertraut worden ist, alle meine Fähigkeiten. Doch vor allem empfehle ich eurem Wohlwollen den Menschen, der schlicht und einfach euer Bruder sein will, ein liebenswürdiger, zugänglicher und verständnisvoller Bruder ..."

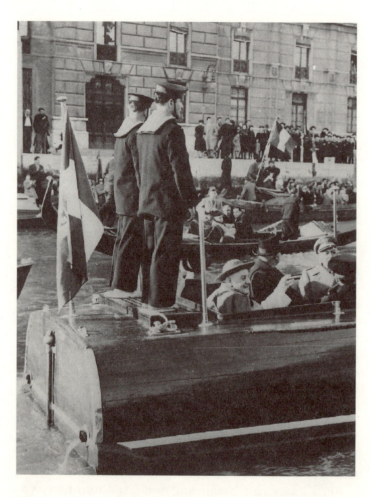

März 1953. Venedig bereitet seinem neuen Patriarchen, Kardinal Roncalli, einen begeisterten Empfang

Kardinal Roncalli war 72 Jahre alt. Er fühlte sich keineswegs als alter Mann, doch er war sich bewußt, daß man in seinem Alter gewöhnlich in Pension geht. Er war glücklich, in einer Stadt wie Venedig zu sein, jener herrlichen, ruhigen Stadt ohne den chaotischen Verkehr wie in den Metropolen, mit einer herzlichen, einfachen Bevölkerung.

Obwohl er sich eine intensive pastorale Tätigkeit vorgenommen hatte, träumte der neue Kardinal auch davon, diese einzigartige Stadt genießen zu können. In den ersten Tagen seines Aufenthalts ging er an einem Nachmittag zu Fuß in die öffentlichen Parkanlagen. Auf dem Rückweg nahm er, wie ein ganz gewöhnlicher Bürger, ein Dampfboot. Er setzte sich zu den Arbeitern und den Frauen, die ihre Einkäufe erledigten, und unterhielt sich mit ihnen. Bedeutende Persönlichkeiten bewegen sich in Venedig auf einem privaten Motorboot oder nehmen eine Gondel. Seine Eminenz Angelo Roncalli dagegen zog das Fortbewegungsmittel der einfachen Leute, das Dampfboot, vor und besorgte sich wie jeder andere Pendler eine Zeitkarte der Städtischen Dampfbootgesellschaft.

Guido Gusso aus Caorle bei Venedig lernte Angelo Roncalli einige Wochen nach dessen Ankunft in Venedig kennen. Er wurde der Kammerdiener des Patriarchen. Gusso erzählte mir: „Ich war 22, und ich arbeitete bei meinem Vater in Caorle. Doch ich hielt Ausschau nach einer günstigen Gelegenheit, in Venedig eine sichere Anstellung zu finden. Der Kammerdiener von Roncallis Vorgänger Agostini hatte eine gute Stelle bei einer Bank gefunden, und so war der neue Patriarch ohne privaten Bediensteten geblieben. Mein Bruder Cornelio machte mich darauf aufmerksam, daß sie im Palast des Patriarchen auf der Suche nach einem jungen Kammerdiener waren. Ich wußte, wie man Messe dient, denn ein Onkel mütterlicherseits war Priester und hatte es mir von klein auf beigebracht; ich hatte kurz zuvor den Führerschein gemacht; ich konnte bei Tisch servieren, denn eine Zeitlang hatte ich bei Verwandten in Jesolo im Hotel gearbeitet; kurzum: Ich meinte, die nötigen Qualifikationen für diese Aufgabe zu haben. Als ich mich im Palast des Patriarchen vorstellte, war ich dennoch sehr nervös. Ich fürchtete, daß man mich einer Prüfung mit schwierigen Fragen unterziehen würde. Immerhin hatte ich ein Empfehlungsschreiben meines Onkels, der Priester war, dabei. Meine Sorgen erwiesen sich als unnötig. Kardinal Roncalli empfing mich mit außergewöhnlicher Herzlichkeit. Er las nicht einmal den Brief, den ich ihm überreichte. Mit einem breiten Lächeln sagte er mir: „Gut, sehr gut. Herzlich willkommen! Bleibst du gleich da?"

Guido Gusso trat seinen Dienst noch am selben Abend an, und er blieb in Roncallis Diensten bis zu dessen Tod. Gusso ist einer der Menschen, die Roncalli in den letzten zehn Jahren seines Lebens am tiefsten kennengelernt haben. Ich selbst bin ihm zu großem Dank verpflichtet. In den folgenden Kapiteln werde ich ihn häufig zitieren; ich hatte Gelegenheit, ihn mehrfach zu treffen und seine Erinnerungen aufzuzeichnen. Dadurch habe ich Aspekte im Privatleben von Papst Johannes entdeckt, die ihn menschlich noch näher bringen. Es war kein leichtes Unterfangen, mit Guido Gusso in ein vertrauliches Gespräch zu kommen. Nach dem Tod von Papst Johannes wollten zahllose Zeitungen und große Magazine aus aller Welt ihn interviewen; doch Gusso hat trotz lukrativer Angebote dankend abgelehnt. Die Erinnerung an

Papst Johannes war ihm zu teuer, als daß er sie in Gesprächen mit Journalisten „hergeben", vielleicht auch verraten wollte. Ein gemeinsamer Freund, Armando Furlanis, ein venezianischer Unternehmer, der vor einigen Jahren verstarb, hat es ermöglicht, daß wir in ein offenes Gespräch kamen. Es war zu Beginn der 70er Jahre, als ich für die Wochenzeitung „Gente", eine der großen italienischen Familienzeitschriften, als Sonderkorrespondent arbeitete. Als ich Furlanis sagte, daß ich gerne einmal mit Roncallis Kammerdiener sprechen würde, antwortete er, daß er die Familie gut kenne. Wenige Tage darauf kam eine Verabredung mit Guido Gusso zustande, und zwar in Caorle, seinem Heimatdorf, wo er gerade Urlaub machte.

Es war eine unvergeßliche Begegnung. Ich sagte Gusso, es wäre dem Andenken an Papst Johannes nur dienlich, wenn er erzähle, was er von ihm wisse. Seine Erinnerungen waren außerordentlich interessant; einiges davon habe ich seinerzeit in der Zeitschrift „Gente" publiziert, die Beiträge fanden auch das Interesse ausländischer Zeitschriften. Manche mutmaßten, der Kammerdiener von Papst Johannes habe seine Erinnerungen gegen teures Geld verkauft. Das ist unrichtig; Gusso hat dafür keine Lira annehmen wollen. Er erzählte mir: „Die Jahre, die ich an Roncallis Seite verbrachte, haben sich mir tief eingeprägt. Roncalli war ein wirklich außergewöhnlicher Mensch. Jeden Tag überraschte er mich aufs neue durch seine Güte. Er besaß die wunderbare Gabe, Vertrauen, Optimismus und Heiterkeit zu wecken, und dies allein schon durch seine bloße Anwesenheit.

Als ich meinen Dienst antrat, war ich beeindruckt vom täglichen Lebensrhythmus des Patriarchen, der immerhin schon 72 Jahre alt war. Morgens stand er um vier Uhr auf. Auf dem Dach des Palastes hatte er einen Freisitz instand setzen lassen; dorthin zog er sich beim Morgengrauen zum Gebet zurück. Um sieben Uhr feierte er in der Kapelle die heilige Messe. Nach dem Frühstück begann sein Arbeitstag. Um eins aß er zu Mittag, das Abendessen war gegen 20 Uhr 30, und danach arbeitete er in seinem Zimmer weiter bis etwa 23 Uhr. Er schlief mit offenen Vorhängen; denn er liebte es, auch nachts das Licht von draußen zu sehen. So hielt er es übrigens auch später als Papst; einige Male mußte ich ihn noch um Mitternacht stören, damit er ein dringliches Schreiben unterzeichnete, und da war er oft noch auf den Beinen: Er ging im dunklen Zimmer auf und ab, blieb am Fenster stehen und betrachtete die Brunnen auf dem Petersplatz und die Leute, die dort umhergingen ..."

Vor seiner Ankunft in Venedig hatte Roncalli nie Gelegenheit gehabt, sich unmittelbar in der Seelsorge zu betätigen; er hatte eine Diplomatenlaufbahn hinter sich. Jetzt konnte er endlich einer pastoralen Tätigkeit nachgehen, und auch wenn er Patriarch war, bedeutete dies für ihn die Verwirklichung seines Lebenstraums: „Pfarrer" zu sein im Kontakt mit den Menschen. Ungeachtet seines Alters begann er in seiner Diözese umherzureisen und die Pfarreien zu besuchen, was eine erhebliche Anstrengung bedeutete. Gusso berichtet: „Um zu den verstreuten Dörfern in der Laguna zu gelangen, war man stundenlang unterwegs, im Sommer war es sehr heiß, im Winter kalt und neblig ... Mgr. Roncalli schlief oft in ärmlichen Zimmern mit unmöglichen Betten, doch er klagte nie. In der Früh um vier war er schon auf den Beinen, und gutgelaunt betrachtete er den Sonnenaufgang über dem Meer. Er liebte die einfachen, armen Leute. Im September 1958, einen Monat vor seiner Wahl zum Papst, habe ich ihn nach Caorle zu einem Fest zu Ehren der Muttergottes begleitet. An einem Nachmittag, während seiner Besuche der umliegenden Pfarreien, sagte ich ihm: ‚Im Zignago-Tal wohnt ein alter Onkel von mir; er ist Fischer. Er lebt wie ein Einsiedler außerhalb des Dorfes und bekommt nur selten jemand zu Gesicht. Wer weiß, ob er sich nicht freuen würde, wenn Sie ihn einmal besuchten, Eminenz!'

‚Wir gehen gleich hin!' antwortete der Patriarch.

Es war eine bewegende Begegnung. Mein alter Onkel konnte es nicht fassen, daß der Kardinal ihn ohne besonderen Grund besuchte. Dieser unterhielt sich fast eine ganze Stunde mit ihm, nahm gern ein Glas Wein an, und bei der Verabschiedung umarmte er ihn herzlich. Als Mgr. Roncalli Papst geworden war, lud er meinen Onkel zu einer Audienz nach Rom ein; in einem kleinen Salon, wo der Papst vorbeikommen würde, sollte der Onkel warten. Dieser war kaum wiederzuerkennen; zu dem besonderen Anlaß hatte er sich eigens neu eingekleidet. Als der Papst in Begleitung illustrer Persönlichkeiten vorbeikam und ihn sah, erkannte er ihn gleich wieder, streckte die Arme aus und ging auf ihn zu. ‚Ja, sowas!', sagte er. ‚Sie haben sich für den Besuch beim Papst extra einen neuen Anzug gekauft ...' Dann stellte er ihn den anderen als einen großen Fischer vor und fügte hinzu: ‚Als ich ihn einmal besuchte, hat er mir einen guten Wein angeboten.' Dies war typisch für Roncalli: Obwohl er mit bedeutenden Leuten zusammen war, hatte es den Anschein, als gebe es für ihn in diesem Augenblick keinen wichtigeren Menschen als den alten Fischer."

Gussos Redefluß ist ungebremst; viele Begebenheiten aus der Zeit in Venedig werden in ihm lebendig. Er erzählt, wie Roncalli einmal Arbeitern zusah, die mit langen Pfählen den Grund des Kanals nahe beim Patriarchat säuberten. Unter dem Eindruck der Schwere ihrer Arbeit bat er Gusso, ihnen einige Flaschen guten Wein zu bringen und ihnen zu sagen, daß der Kardinal sie segne. Den Armen galt seine tägliche Sorge. Jeden Abend wollte er von seinem Sekretär wissen, was er Hilfesuchenden gegeben hatte. Er interessierte sich für ihr Schicksal und ihre Nöte, und nicht selten bekam der Sekretär zu hören: „Du hättest mehr geben sollen; zumindest das Doppelte!"

Venedig gehört nicht zu den betuchten Diözesen. Auch der Kardinal führte ein bescheidenes Leben; selbst wenn erlauchte Personen zu Gast waren, war die Tafel nicht übermäßig gedeckt, denn es fehlten die Mittel. Bei seiner Ankunft in Venedig fand Roncalli das Bischöfliche Palais in einem bedauerlichen Zustand. Die hohe Feuchtigkeit und der Salzgehalt der Luft hatten den Außenmauern arg zugesetzt; der Putz bröckelte überall ab. Roncalli stellte seine persönlichen Ersparnisse, eineinhalb Millionen Lire, für die Renovierung zur Verfügung, doch dies reichte gerade für die nötigste Instandsetzung des Innenhofs.

„Sehen Sie, wo meine Ersparnisse geblieben sind", sagte er zu Graf Cini, der zu Besuch gekommen war, „ich hatte gemeint, es würde für die Renovierung des ganzen Palasts genügen." Der Graf war betroffen, daß der Patriarch sein ganzes Vermögen zur Verfügung gestellt hatte, und ließ die Arbeiten auf seine Rechnung fortführen.

Öfter konnte man lesen, daß Angelo Roncalli zumindest als Nuntius in Paris und als Patriarch von

Venedig die Gewohnheit gehabt habe zu rauchen. Doch wie seinerzeit in Paris hatte sein gelegentlicher Griff zu einer Zigarette einen anderen Grund: „Roncalli war eigentlich Nichtraucher", stellt Guido Gusso klar. „Aber er hatte einen ausgeprägten Sinn für Gastfreundschaft. In Venedig wünschte er, daß jeden Tag ein Gast bei ihm zu Tisch wäre. Er lud Leute aus allen möglichen Ländern und sozialen Schichten ein, darunter Bulgaren, Türken, Araber, Schwarzafrikaner, Franzosen, Politiker aus dem In- und Ausland. Da Roncalli wußte, daß viele von ihnen Raucher waren, hatte er immer Zigaretten bereit. Nach dem Essen bat er mich: ‚Guido, reich uns doch mal die Zigaretten!' Er nahm als erster eine und steckte sie an, damit die Gäste sich nicht unwohl fühlten, wenn sie eine rauchen wollten. Doch man sah auf den ersten Blick, daß er nicht rauchen konnte. Ich habe nie gesehen, daß er sich bei anderen Gelegenheiten eine Zigarette angezündet hätte."

Das Mittagessen war für Roncalli ein willkommener Anlaß zum Beisammensein. Er aß ungern allein. Gusso hat mir erzählt: „Er liebte es, sich bei Tisch mit jemand unterhalten zu können. Es kamen z. B. der Bürgermeister von Venedig, der Präsident des Tourismus-Verbandes, der Polizeipräsident, Adlige und Künstler, Leute auf der Durchreise, Freunde aus Frankreich, Bulgarien und der Türkei, einfache Priester ... Auch Auriol, der französische Staatspräsident, stattete ihm einen Besuch ab. Er behandelte alle mit der gleichen Herzlichkeit. Ich war sehr streng katholisch erzogen worden, und man hatte mir beigebracht, ‚Ungläubige' zu meiden. Als ich sah, daß der Kardinal nicht nur Katholiken, sondern genauso Evangelische, Juden und Muslime zum Essen einlud, war ich überrascht. Er bemerkte es, und lächelnd erklärte er mir, daß alle Menschen Kinder Gottes sind, unabhängig von der Religion, zu der sie sich bekennen. Wichtig sei, aufrichtig zu sein und dem eigenen Gewissen, also auch dem eigenen Glauben treu zu folgen.

In Venedig gab es einige, die an Roncallis Verhalten Anstoß nahmen und nicht mit Kritik sparten. Er litt zwar darunter, doch er blieb seiner Linie treu. Einmal sagte er zu mir: ‚Wenn ich als Muslim geboren worden wäre, wäre ich wohl immer ein guter Muslim geblieben.‘ "

Venedig liegt nicht weit von Bergamo, und so nutzte Roncalli die Gelegenheit, die Seinen manchmal zu besuchen. „Er sprach oft von Sotto il Monte", berichtet Guido Gusso, „und zwar in einer Weise, als wäre es das schönste Fleckchen auf der Erde. In einem Jahr überzeugte er mich, mit ihm ein paar Tage Ferien in seinem Geburtsort zu machen. So schrieb er seiner Nichte Enrica, daß er diesmal seinen Kammerdiener Guido mitbringen werde. Als wir zum Dorf kamen, wurden meine Vorstellungen ziemlich enttäuscht: Es gab damals nicht einmal eine ‚Bar‘; die Straßen waren nicht asphaltiert. Mgr. Roncalli, der meine Enttäuschung bemerkte, wußte nicht, wie er mir klarmachen sollte, daß sie allein daher rührte, daß ich mit Blindheit geschlagen war. An einem Abend sagte er mir: ‚Sieh doch mal! Hier in Sotto il Monte hat man eine Aussicht wie nirgendwo sonst. Von den Fenstern unseres Hauses aus kann man mit einem guten Fernglas sogar den Mailänder Dom sehen.‘ Am gleichen Abend nahm er mich, mit einem Fernglas bewappnet, mit in sein Arbeitszimmer und trat ans Fenster, um nach dem Mailänder Dom Ausschau zu halten. Plötzlich ein freudiger Aufschrei: ‚Da ist er!' Er reichte mir das Fernglas, aufmerksam blickte ich in die Ferne und sah – nichts. Fast eine Woche lang setzten wir die Suche vergeblich fort, bis schließlich nach einem Gewitterregen die Luft so klar war, daß man beim Sonnenuntergang in der Ferne tatsächlich die in zartes Rosa getauchten Umrisse des Domes ausmachen konnte."

Roncalli war Patriarch in Venedig, als seine Schwester Ancilla starb. Capovilla hatte ihm die traurige Botschaft zu überbringen. Er berichtet: „Mgr. Roncalli zog sich in die Kapelle zurück; er verharrte lange im Gebet, vielleicht hat er geweint. Dann trug er mir auf, den anderen zunächst nichts vom Tod seiner Schwester zu sagen. An jenem Abend hatten wir Gäste. Er ließ nichts von seiner Trauer durchscheinen, er speiste und unterhielt sich mit ihnen und schaltete den Fernseher ein. Am nächsten Tag begaben wir uns unverzüglich nach Sotto il Monte. Der Patriarch kniete bewegt vor seiner aufgebahrten Schwester nieder, betete und gab ihr einen Abschiedskuß auf die Stirn."

Zu seinen Angestellten sei er wie ein Vater gewesen, sagte mir Guido Gusso: „Er behandelte uns wie Söhne. Wenn er eine Anordnung zu geben hatte, sagte er immer ‚Bitte ...'. Um sieben Uhr feierte er die Messe, bei der ich diente. Wenn es abends spät geworden war, kam es vor, daß ich morgens den Wecker überhörte und verschlief. Der Patriarch wartete in der Kapelle und betete. Ein paar Mal ist er gekommen, mich zu wecken. Sanft klopfte er an, blieb vor der Tür stehen und sagte: ‚Entschuldige, Guido. Es tut mir leid, daß ich dich wecke. Ich weiß, du bist jung und brauchst deinen Schlaf; aber wenn du kommen könntest, um bei der Messe zu ministrieren, tätest du mir einen großen Gefallen! Denn ich habe gleich danach einige Termine, die ich nicht verschieben kann.‘ "

Patriarch Roncalli war sehr mit seiner Stadt Venedig verbunden; er interessierte sich für ihre Probleme und verfolgte aufmerksam ihre Initiativen und Veranstaltungen. Auch die Biennale der Kunst und das Filmfestival entgingen ihm nicht. 1954, in seinem ersten Jahr in Venedig, wurden bei der Biennale einige Werke religiöser Kunst ausgestellt, die von manchen als geradezu blasphemisch gebrandmarkt wurden. In solchen Fällen erfolgten gewöhnlich lautstarke Verurteilungen von der Kanzel herunter, doch Roncalli schlug mit diplomatischem Gespür und christlicher Sensibilität einen anderen Ton an. Er wandte sich an die Verantwortlichen der Biennale und gab ihnen zu verstehen, daß er nicht einverstanden sei: „Ich verstehe gut die Schwierigkeiten, welche die verehrten Damen und Herren, die mit der Organisation dieser Ausstellung betraut sind, zu bewältigen haben; denn es ist eine sehr komplexe Veranstaltung. Doch ich darf nicht verschweigen, daß es nach glaubwürdigen Berichten auch diesmal nicht an dem einen oder anderen Exzeß fehlt, und dies stellt besonders im Zusammenhang mit religiösen Themen eine ernste Angelegenheit dar ..." Roncallis Vorgehen erwies sich als richtig. Bei der nächsten Biennale, im Jahre 1956, wurden die Werke sorgsamer ausgewählt. Als Zeichen seiner Anerkennung hob er das anläßlich der ersten Biennale im Jahre 1895 erlassene Verbot auf, in dem der damalige Kardinal Sarto (der spätere Papst Pius X.) Priestern den Besuch der Ausstellung untersagt hatte. Mehr noch: Der Patriarch ging selber hin.

Wie es bei einem Mann seines Alters und seiner

Prägung nicht anders zu erwarten war, konnte Roncalli mit der abstrakten Kunst und den avantgardistischen Gemälden nicht viel anfangen. Demütig und klug beschränkte er sich in seinem Kommentar auf die Aussage, dazu könne er nicht viel sagen; er habe Respekt vor den Künstlern.

Der Besuch der Biennale war damals eine unerhörte Geste, die in bestimmten kirchlichen Kreisen als skandalös beurteilt wurde; doch Roncalli tat, als habe er die Kritik überhört. Er wollte Zeichen setzen. Und so schenkte er auch der Welt des Films seine Aufmerksamkeit.

Einige Fotos zeigen ihn bei der Eröffnung des Venezianischen Filmfestivals und beim jährlich stattfindenden Empfang in einem Hotel am Lido: Er wirkt gelöst, auch in diesem Ambiente fühlte er sich offenbar wohl. Roncalli traf mit sicherem Instinkt überall den richtigen Ton; innerlich jung geblieben, war er offen für die Gegenwart und ausgerichtet auf die Zukunft. Den Teilnehmern des Filmfestivals, die sich zum traditionellen Gottesdienst versammelten, sagte er mit Güte und Klarheit: „Die von Tag zu Tag größeren Überraschungen, die das Kino bereithält, hinterlassen bisweilen Bestürzung in der Seele ... Meine Brüder und Schwestern, als Künstler habt ihr gewiß über die Frage nachgedacht, ob das Schöne unabhängig vom Guten existieren kann. Zweifellos ist auch die moralische Schönheit ein Faktor der äußeren Schönheit. Heute ist der Geist von einer erstickenden Atmosphäre bedrückt. Reinigt ihn, laßt frische Luft herein! So werdet ihr einen doppelten Dienst leisten: dem Kino und zugleich der Gesellschaft. Ihr werdet mir erwidern, daß dies sehr schwierig sei. Gewiß ist es schwierig! Aber ihr könnt eine wirksame Hilfe im Gebet finden. Beten wir zusammen, ich für euch, ihr für mich ..."

Venedig hatte es Roncalli angetan. Er war überzeugt, daß er seine irdische Existenz in dieser herrlichen Stadt würde beschließen können. Die Jahre vergingen, und der Gedanke an den Tod wurde ihm mehr und mehr vertraut. Wenn er in den Ferien nach Sotto il Monte zurückkehrte und sich nach seinen alten Gefährten erkundigte, bekam er immer öfter zu hören: „Der ist inzwischen verstorben ..." Roncalli antwortete, nachdenklich die Schultern zuckend: „Der Tod erwartet uns alle; man muß sich bereithalten." Oft stieg er die Stufen zur Krypta der San-Marco-Basilika hinab und sann darüber nach, daß er wohl dort seine letzte Ruhestätte finden würde. In seinem Tagebuch lesen wir: „Der Gedanke an den Tod leistet mir seit dem Tag meiner Ernennung zum Kardinal und Patriarchen von Venedig schmerzliche und doch gute Gesellschaft. Für mich ist es ein ernster und heilsamer Gedanke. Doch das Leben, das mir verbleibt, will nichts anderes sein als eine frohe Vorbereitung auf den Tod."

Kardinal Roncalli ließ die sterblichen Überreste seiner Vorgänger, die an verschiedenen Orten bestattet worden waren, nach San Marco umbetten, und er ließ einen weiteren Sarkophag vorbereiten: den für sich. Bruno Vianello, Wächter des Bischöflichen Palais, hat mir erzählt: „Während man die Arbeiten an der Gruft beendete, kam der Patriarch in die Krypta, warf einen Blick auf das Grab und meinte: ‚Meiner Meinung nach ist es etwas schmal. Zumindest als Toter hätte ich es gern bequem.' Der Arbeiter entgegnete, die Maße seien genau richtig, und begann nachzumessen.

Doch Roncalli schüttelte den Kopf und sagte vor sich hin: ‚Es ist zu eng! Aber was soll's? Ich werde mich halt anpassen.' "

Sein Wunsch, auf immer in der Krypta von San Marco ruhen zu können, sollte sich nicht erfüllen.

Das Konklave

Am 9. Oktober 1958 starb Pius XII. 19 Jahre lang hatte er die Katholische Kirche geleitet; er war eine außergewöhnliche Persönlichkeit, und sein Tod erfüllte viele Katholiken mit tiefer Trauer.

Die Kardinäle, die außerhalb von Rom weilten, machten sich sogleich auf den Weg zur Ewigen Stadt, um dem Begräbnis des Papstes beizuwohnen und im Konklave seinen Nachfolger zu wählen. Am 12. Oktober verließ auch Roncalli sein Palais, begab sich zum venezianischen Bahnhof Santa Lucia und nahm einen Zug nach Rom.

In Venedig meinten etliche, daß ihr Patriarch Papst werden könne. Doch da war das Problem des Alters: Angelo Roncalli war immerhin schon 77 Jahre alt.

Im Laufe der letzten zwölf Monate hatte der Patriarch in Venedig zahlreiche Gäste empfangen, darunter angesehene Persönlichkeiten aus Frankreich, und so mancher hatte angedeutet, daß er sich Roncalli als neuen Papst vorstellen könne. Der französische Staatspräsident Auriol flüsterte Roncalli zu, nachdem sie das Zimmer Pius' X. besichtigt hatten: „Wer weiß, ob nicht eines Tages der Nachfolger von Pius XII. aus diesem Palast kommen wird ..." Der bekannte französische Schriftsteller Daniel-Rops hatte Roncalli im August 1957 besucht; bei der Abreise gab er dem Patriarchen den Rat: „Eminenz, machen Sie nicht den gleichen Fehler wie Kardinal Sarto, der sich eine Rückfahrkarte kaufte, als er zum Konklave nach Rom aufbrach ..."

Auf derartige Anspielungen entgegnete Roncalli stets: „Um Gottes willen, schweigt! Gott möge mir ein solches Abenteuer ersparen!" Guido Gusso sagte mir: „Ich glaube, daß Mgr. Roncalli nicht einen Augenblick an die Möglichkeit gedacht hat, Papst zu werden. Roncalli hatte Venedig und die Venezianer ins Herz geschlossen. Er meinte, in dieser Stadt seine letzten Tage verbringen zu können. Ich erinnere mich noch, wie Pius XII. nach dem Tod von Kardinal Piazza, der viele Jahre Patriarch von Venedig gewesen war, Roncalli schrieb, wenn er wolle, könne er nach Rom kommen, um Piazzas Stelle als Präsident der Konsistorialkongregation einzunehmen. Der Brief bescherte Roncalli schlaflose Nächte und nahm ihm den Appetit. Er fürchtete, der Wunsch Pius' XII. könnte eine Anweisung sein, und wußte nicht, was er tun sollte. Die Vorstellung, Venedig verlassen zu müssen, erfüllte ihn mit Schrecken. Er antwortete dem Papst, daß er immer zum Gehorsam bereit sei, doch er wünsche sehr, in Venedig bleiben zu können. Dort habe er, da er schon betagt sei, schon sein Grab vorbereiten lassen, und außerdem wären da die Venezianer, die ihn sehr gern hätten. Roncalli schickte den Brief ab, und solange die Antwort von Pius XII. ausstand, der ihm schließlich mitteilte, er könne ruhig in seinem schönen Venedig bleiben, schien er vor Kummer krank zu sein.

Als wir nach Rom zur Beisetzung Pius' XII. und zum Konklave aufbrechen mußten, ließ er mich die Koffer packen und sagte: ‚Nimm nicht viel mit, nur das Nötigste für die Hin- und Rückfahrt.' Er fragte mich mehrfach, ob ich neben dem ‚violetten Umhang' für die Trauerfeierlichkeiten auch den roten eingepackt hätte, den er brauche, um dem neuen Papst die Ehre zu erweisen. Ich versicherte ihm, daß ich an alles gedacht hätte. Dennoch ließ er mich vor der Abfahrt die Koffer öffnen, um zu sehen, ob der rote Mantel wirklich darin war: ‚Weißt du', sagte er, ‚ich möchte mich vor dem neuen Papst nicht blamieren.'

Jeder Kardinal darf zum Konklave zwei Personen mitnehmen: den Sekretär und einen Kammerdiener. So trat auch ich in den Konklavebereich ein."

Das Wort „Konklave" leitet sich vom Lateinischen her, es heißt soviel wie „zugeschlossenes Zimmer" und bezeichnet den Ort, wo sich die Kardinäle versammeln, um den neuen Papst zu wählen. In diesem Sinne wird es seit dem 13. Jahrhundert gebraucht. Nach dem Tod von Papst Clemens IV. im Jahre 1268 konnten sich die in Viterbo versammelten Kardinäle nicht auf einen Nachfolger einigen. Fast drei Jahre lang blieb die Kirche ohne Papst. Um endlich eine Entscheidung herbeizuführen, ließ der Stadtpräfekt Raniero Gatti die Kardinäle im päpstlichen Palast einsperren und ordnete an, sie erst dann wieder herauszulassen, wenn sie jemand zum Papst gewählt hätten. Zudem ließ er das Dach des Palastes öffnen und reduzierte die Lebensmittel. Unter diesen Unannehmlichkeiten und vom Hunger geplagt, wählten die Kardinäle dann am 1. September 1271 Gregor X. Um auszuschließen, daß solche Dinge sich in Zukunft zum Leidwesen der Kirche wiederholen könnten, setzte Gregor gesetzlich fest, daß die Kardinäle am Tag nach der Beisetzung eines verstorbenen Papstes in einem Palast eingeschlossen werden, den sie erst dann wieder verlassen dürfen, wenn sie einen Nachfolger gewählt haben. Den Versammlungsort nannte man „Konklave".

Diese Bestimmung ist über die Jahrhunderte hinweg in Kraft geblieben. Das Konklave findet in der Sixtinischen Kapelle statt; in den angrenzenden Gebäuden werden für die Kardinäle und ihre Bediensteten Behelfsunterkünfte hergerichtet.

„Die Unterbringung war alles andere als bequem", erzählt Guido Gusso. „Die Kardinäle mußten sich in ungemütlichen Kammern einrichten; das Los entschied, wer wo wohnte. Mgr. Roncalli erhielt eines der besten Zimmer: das Büro des Kommandanten der Nobelgarde. Aber es war halt kein Schlafzimmer, sondern ein Büro. Ich dachte, der Kardinal sollte sich zumindest im Zimmer waschen können; doch es war fast unmöglich, wenigstens ein altes Waschbecken aufzutreiben. Nach der ersten Nacht im Konklave rief der Kardinal mich in aller Früh. Er fand keine Steckdose für den elektrischen Rasierapparat; die vorhandenen waren alle defekt. Wir mußten die Möbel verschieben, um eine intakte Steckdose zu finden ...

Über das Konklave selbst kann ich nicht viel sagen. Bevor ich eingelassen wurde, mußte ich beim Evangelium schwören, nicht über das zu sprechen, was ich sehen und hören würde. Aber etwas kann ich sagen: Als Roncalli begriff, daß die Stimmen der Kardinäle sich auf seinen Namen zu orientieren begannen, überkamen ihn schlimme Befürchtungen. Ich hatte ihn nie Cognac trinken sehen, doch nun mußte ich eine Flasche auftreiben."

Angelo Roncalli betrat den Konklavebereich am 25. Oktober 1958; in welcher inneren Verfassung, das ist schwierig auszumachen. Er wußte, daß sich einige Kardinäle ihn als Nachfolger Pius' XII. wünschten, und er wußte auch, daß sie seinen Namen nicht aus bloßer Höflichkeit ins Gespräch gebracht hatten. Dies geht aus einem Brief an seinen Freund Battaglia, den Bischof von Faenza, hervor, der vom 24. Oktober datiert, also vom Tag vor dem Beginn des Konklaves: „Lieber Monsignore, ich durchlebe einige sorgenvolle Momente. Ich bitte Sie, zusammen mit mir die Psalmen 76 und 85 der heutigen Komplet zu lesen. Dort finden Sie meinen augenblicklichen inneren Zustand ausgedrückt. Ich schreibe Ihnen in Eile, um Sie einzuladen, mit mir zu beten ... Was mich betrifft, kann ich nur hoffen, daß der Himmel ein *transeat calix iste* wolle [Möge dieser Kelch vorübergehen]. Darum erweisen Sie mir die Liebestat, für mich und zusammen mit mir zu beten. Ich bin an einem Punkt, daß ich mich zutiefst freuen und den Herrn preisen würde, wenn man von mir sagen müßte: *Appensus est statera et inventus est minus habens* [Er wurde gewogen und für zu leicht befunden]. Sagen Sie von all dem natürlich kein Sterbenswörtchen."

Das Konklave dauerte vom Abend des 25. bis zum Abend des 28. Oktober. Insgesamt gab es elf Wahlgänge. Die letzte Nacht im Konklave hat Kardinal Roncalli nicht geschlafen. Dies verriet Kardinal Fossati, der damalige Erzbischof von Turin: „Wir waren Zimmernachbarn, und ich glaube nicht, daß ich die Schweigepflicht verletze, wenn ich sage, daß in einem bestimmten Augenblick ein Freund es für notwendig hielt, ins Zimmer des Freundes zu treten, um ihn zu stärken. ‚Die Vorsehung selbst', sagte ich ihm, ‚wird Ihnen die Kraft geben, die große Bürde auf sich zu nehmen. Wenn Gott will, daß Sie Papst werden, dann wird er Ihnen selbstverständlich auch die entsprechenden Gaben und die nötige Kraft geben, um alle Schwierigkeiten zu meistern.‚ "

Nach Roncallis Wahl stellte ihm Kardinal Tisserant, der Dekan, die rituellen Fragen: „Nimmst du die rechtmäßig vollzogene Wahl zum Pontifex maximus an?" Nachdem er die zustimmende Antwort erhalten hatte, fragte er weiter: „Wie willst du genannt werden?" Darauf Roncalli: „Ich werde mich Johannes nennen. Dieser Name ist Uns teuer, weil er der Name Unseres Vaters ist."

Die ersten, die nicht Kardinäle waren und unter vier Augen mit dem frisch gewählten Papst sprechen konnten, waren sein Kammerdiener Guido Gusso und sein Sekretär Loris Capovilla.

„Wir fanden ihn in seinem Zimmer, schon als Papst gekleidet", erzählte mir Guido Gusso. „Ich war gerührt; Capovilla weinte gar. Johannes XXIII. blickte uns besorgt an. Auch er war bewegt, doch er mußte sich zusammennehmen. Unablässig wiederholte er: ‚Da stehen wir nun; da stehen wir nun. Nicht ich habe das gewollt, das wißt ihr.' Binnen kurzer Zeit war die gewohnte herzliche Atmosphäre wiederhergestellt. Der Papst sagte mir, er könne sich nicht mehr auf den Füßen halten. Man hatte ihm ein Paar Schuhe gegeben, die zu eng waren und bei jeder Bewegung schmerzten. Capovilla bat mich, aus unserem Quartier, der *Domus Mariae*, die Koffer mit Roncallis Utensilien zu holen. An der Pforte stellte ich mich vor, doch ich wurde nicht durchgelassen: Kardinal Tisserant, der Dekan des Heiligen Kollegiums, habe angeordnet, daß das Konklave bis zum nächsten Morgen verschlossen bleiben solle, auch wenn der Papst schon gewählt sei. Es war streng verboten hinauszugehen.

In der Zwischenzeit waren die Vertreter des Staatssekretariats und andere Persönlichkeiten gekommen, um dem neuen Papst die Ehre zu erweisen. Telegramme trafen ein, es herrschte ein unbeschreibliches Durcheinander. Am Abend konnte der Papst nicht mehr, weil seine Füße so sehr schmerzten. Es war 21.30 Uhr, als ich in sein Zimmer trat. ‚Wo sind meine Koffer?‘ fragte er mich.

‚Heiliger Vater, sie wollen mich nicht hinauslassen‘, antwortete ich.

‚Wieso?‘

‚Es heißt, Kardinal Tisserant habe angeordnet, daß der Konklavebereich bis morgen früh verschlossen bleiben soll.‘

‚Aber hast du gesagt, daß ich dich geschickt habe?‘

‚Natürlich! Doch auch das hat nichts genützt.‘

Nach kurzem Nachdenken trug er mir auf: ‚Geh zu Kardinal Tisserant und sag ihm, daß der Papst dir befiehlt, den Konklavebereich zu verlassen, weil du Dinge holen mußt, die er dringend braucht.‘

Er schmunzelte. Es war die erste Anordnung, die er als Papst traf."

Bei der Einkleidung des neuen Papstes hatten sich die Zeremonienmeister in der Nummer geirrt. Der Schneider, Gammarelli, hatte fünf unterschiedliche Größen vorbereitet, doch die Gewänder, die man für ihn bereitgelegt hatte, waren zu eng, besonders an den Ärmeln. Als Papst Johannes auf dem Balkon des Petersdoms erschien, um der Welt seinen ersten Segen zu geben, konnte er sich nur sehr eingeschränkt bewegen, und als er wieder hineintrat, hob er die Arme, so gut es ging, und sagte zu den Zeremonienmeistern: „Die Ketten des Pontifikats ..."

Der einhellige Kommentar der Zeitungen am Tag nach der Wahl Johannes' XXIII. lautete: Er ist ein Übergangspapst. Begründet wurde diese Einschätzung mit dem Alter Roncallis und seiner vermeintlich „alten Mentalität". Dem neuen Papst selbst gefiel diese Bewertung nicht; er sagte einmal: „Die sprechen von mir, als ob ich ein Ersatzteil für ein Auto wäre."

Daß er kein Übergangspapst in dem Sinne würde, wie es damals allgemein verstanden wurde, d. h. ein Papst, der die Ruhe liebt und alles seinen gewohnten Gang gehen läßt, davon konnten sich die Kardinäle bereits unmittelbar nach der Papstwahl überzeugen. Nach Bekanntgabe des Wahlergebnisses erhoben sich die Würdenträger und wollten ihm auf die übliche, althergebrachte Weise ihre Ergebenheit zum Ausdruck bringen: In einer Prozession treten die Kardinäle vor, werfen sich vor dem Neugewählten auf die Knie und küssen ihm die Hand und den Fuß. Johannes XXIII. schaffte diese mittelalterlich anmutende Zeremonie auf der Stelle ab, streckte die Hand für den Handkuß aus und umarmte jeden brüderlich.

Aufruhr im Vatikan

Johannes XXIII. entfachte eine wahre Revolution im Vatikan. Schon in den ersten Tagen seines Pontifikats stellte er Regeln und Reglementierungen, Gebräuche und jahrhundertealte Verhaltensweisen auf den Kopf, wie es kein Papst vor ihm je getan hatte. Er war ein Wirbelsturm, mit mächtigem Innovationsdrang, immer gut für Überraschungen. Den Verteidigern der alten Traditionen verschlug es buchstäblich die Sprache. Er wollte nicht aus Freude an der Veränderung alles anders machen; vielmehr ging es ihm um eine Anpassung an die Gegenwart, um die Beseitigung verkrusteter, einengender Überbleibsel aus längst vergangenen Zeiten.

Am Tag nach der Wahl empfing er einen Redakteur der Vatikanischen Tageszeitung, des Osservatore Romano, Professor Cesidio Lolli, um ihm eine Botschaft an die Gläubigen in Frankreich zu diktieren. Lolli trat ein, beugte wie gewohnt das rechte Knie, legte seine Schreibunterlage auf das linke und schickte sich an, in dieser Position verharrend zu schreiben. Der Papst blickte ihn verwundert und ein wenig besorgt an: „Was machen Sie denn da? Stehen Sie auf, und setzen Sie sich auf den Stuhl!" Lolli wandte ein: „Für mich ist das kein Problem, Heiligkeit. Ich bin daran gewöhnt." Der Papst schüttelte den Kopf: „Knien kann man beim Beten, nicht bei der Arbeit!" Und da der Redakteur sich immer noch nicht durchringen konnte, wurde der Papst nachdrücklicher: „Nun aber setzen Sie sich! Wenn Sie nicht aufstehen, werde ich aufstehen und gehen."

Der Osservatore Romano pflegte Reden oder Berichte über Audienzen des Papstes mit diesen Worten einzuführen: „Die Heiligkeit Unseres Herrn hat gütigst ... empfangen wollen" oder „... gütigst diese erhabene Rede verkünden wollen". Papst Johannes befahl sofort, diese hochtrabenden Floskeln durch schlichte Formulierungen zu ersetzen: „Der Papst empfing ...; der Papst sagte ..."

Es war eine tunlichst eingehaltene Regel, keine Touristen auf die Kuppel des Petersdomes steigen zu lassen, geschweige denn den Papst zu fotografieren, wenn er in den Vatikanischen Gärten spazierenging. Auch diese Beschränkung schaffte Papst Johannes gleich ab: „Warum sollten die Gläubigen mich nicht sehen dürfen? Ich tue doch nichts Anstößiges!"

Wenige Tage nach seiner Wahl empfing er in einer besonderen Audienz Girolamo Bartolomeo Bortignon, den Bischof von Padua, einen seiner alten Freunde. Als dieser sich nach der Audienz verabschieden wollte, sagte der Papst: „Bleiben Sie bei mir zum Abendessen, Monsignore." So etwas hatte es seit Pius X. nicht mehr gegeben; weder Benedikt XV. noch Pius XI., noch Pius XII. hatten je Außenstehende zum Essen eingeladen. Bortignon war der erste einer langen Reihe von Gästen des Papstes. Wenn sich jemand darüber verwundert zeigte, erklärte Johannes XXIII.: „Ich habe das Evangelium aufmerksam gelesen, aber ich habe keine Stelle gefunden, die vorschreibt, daß man allein essen müsse. Jesus selbst liebte es bekanntlich, sich mit anderen zu Tisch zu setzen."

Viele erwarteten sich unmittelbare personelle Veränderungen in der Kurie, doch Johannes XXIII. traf keine entsprechenden Entscheidungen. Einem, der seine abwartende Haltung ergründen wollte, antwortete er: „Man hat mir gesagt, daß es in den Apostolischen Palästen 11.000 Zimmer gibt. Da wird es einige Zeit dauern, bis ich gelernt habe, den Weg zu finden." Dies war nicht nur eine diplomatische Antwort. Papst Johannes begann tatsächlich, den Vatikan zu durchstreifen; immer wieder tauchte er unverhofft in diesem oder jenem Büro auf. Seit Jahren hatte kein Prälat oder einfacher Priester an seinem Arbeitstisch den Papst aus der Nähe zu sehen bekommen. Die Begeisterung, die Papst Johannes' neue Sitten unter den Leuten im Vatikan auslösten, kann man sich lebhaft vorstellen.

Einer seiner ersten Besuche galt dem Sitz der vatikanischen Tageszeitung. Er sagte den Journalisten, daß sie sich daran gewöhnen müßten, ihn zwischen den Tischen der Redaktion zu sehen. Johannes XXIII. hatte immer schon viel Sympathie für die Journalisten. Als Nuntius in Paris servierte er denen, die ein Interview mit ihm führen wollten, höchstpersönlich den Kaffee. Dem Korrespondenten einer französischen Zeitung gestand er einmal, wenn er nicht Priester geworden wäre, wäre er gern Journalist geworden, wobei er es sich nicht verkneifen konnte, lachend hinzuzufügen: „Ob Sie wohl den Mut hätten, mir zu sagen, daß Sie Priester geworden wären, wenn Sie nicht Journalist geworden wären?!"

Am 4. November fand im Petersdom die feierliche Krönungszeremonie statt. Der Bischof von Faenza, Giuseppe Battaglia, Roncallis Schüler und Freund, erinnert sich: „Ich wohnte der feierlichen Zeremonie im Petersdom bei und hatte die Ehre, nach den Kardinälen als erster der assistierenden Bischöfe dem Papst den Gehorsam zu versprechen. Wir blickten uns vielsagend an. Da wandte sich Papst Johannes an den Kardinalsdiakon und flüsterte ihm zu: ‚Dieser da ist nicht hier, um zu rufen: Es lebe der Papst!, sondern: Es lebe Bergamo!' "

In seinen ersten Tagen im Vatikan kamen oft Arbeiter zum Umräumen oder mit neuen Möbeln in die Privatwohnung des Papstes. Man hatte ihnen gesagt, sie sollten sich von den Zimmern, in denen sich der Papst gerade aufhalte, unbedingt fernhalten. Eines Tages, während die Arbeiter einige Zimmer herrichteten, saß Johannes XXIII. ruhig auf einer Kiste und betete sein Brevier. Als er damit fertig war, kam ihm der Wunsch, sich die Räume anzuschauen, in denen gerade gearbeitet wurde und die er noch nicht kannte. Er stieg die Treppe hinauf und kam in ein kleines Empfangszimmer. Einige Gepäckträger waren dabei, Kisten und Koffer zu transportieren, und hinter der Türe stand einer gebeugt hinter einer großen Kiste. Der Papst blieb an der Schwelle stehen und fragte höflich: „Störe ich?" Der Arbeiter meinte, es sei ein Kollege, der einige Minuten vorher weggegangen war, und erwiderte unwirsch: „Zum Donnerwetter! Laß den Unsinn, und pack mit an!" Der Papst trat herbei und hielt die Kiste von der anderen Seite. In diesem Moment blickte der Arbeiter auf. Johannes XXIII. gab ihm und den anderen Arbeitern den Segen und plauderte ein wenig mit ihnen. Derjenige, der ihn zuvor so angefahren hatte, war noch ganz verstört. Der Papst merkte es, und um ihm aus seiner Verlegenheit zu helfen, bemühte er wieder einmal die schon bekannte scherzhafte Bemerkung: „Sie und ich, wir gehören zur selben Partei." – „Ich gehöre keiner Partei an", erwiderte jener. – „Schauen Sie doch mal auf Ihre Figur. Für Typen wie uns erfolgt die Einschreibung bei der Partei der kräftigen Männer von Amts wegen ..."

An einem Vormittag spazierte er mit seinem Sekretär Capovilla plaudernd durch die Vatikanischen Gärten. Sie kamen an einem Blumenbeet vorbei, wo gerade ein Gärtner arbeitete. Johannes XXIII. rief ihn herbei, fragte, wie er heiße, wo er geboren sei und was seine Familie mache. Dann sprachen sie über die Arbeit als Gärtner. Mitten im Gespräch fragte der Papst unvermittelt: „Wieviel verdienen Sie im Monat?" Nach kurzem Zögern antwortete der Gärtner: „29.000 Lire." So verabschiedeten sie sich.

Eine Stunde später rief Papst Johannes die Verwaltung des Heiligen Stuhls an und ordnete an, den Vertrag mit dem Pächter der Gärten und mit dem Beauftragten für die Instandhaltung der Paläste zu kündigen. Für den nächsten Morgen verlangte er eine Aufstellung sämtlicher Löhne und Gehälter, vom kleinsten Bediensteten bis zu den höchsten Angestellten. So kam es zu einer Neufestsetzung der Gehaltszahlungen, ohne falsche Rücksichtnahme auf irgend jemand. Der Papst kommentierte diese Entscheidung mit den Worten: „Man muß die Würde aller Menschen immer achten, von den Höchsten bis zu den Niedrigsten. Dies gebietet die Freiheit eines jeden Menschen, die sogar Gott heilig ist."

Ein Prälat warf bei der Durchsicht der neuen Gehaltslisten ein, die Kosten seien für die Päpstlichen Finanzen zu hoch. Doch der Papst machte ihn mit einem schelmischen Lächeln darauf aufmerksam, daß

*Papst Johannes liebte die Spaziergänge
in den Vatikanischen Gärten*

er etwas übersehen habe: „Wir haben nicht nur die niedrigsten Gehälter erhöht, sondern gleichzeitig die der gut Verdienenden gekürzt. So, denke ich, wird unser Haushalt im Monat um rund 20 Millionen Lire entlastet."

Am Nachmittag des 27. November 1958 geschah etwas, was in Rom seit Pius IX. nicht mehr vorgekommen war. Auf dem Weg zum Lateran, wo der Papst der Eröffnung des akademischen Jahres vorstehen sollte, gab er dem Fahrer kurzerhand die Weisung, die übliche Route zu verlassen und zu Mgr. Pio Paschini, dem Rektor des Atheneums, zu fahren. Dieser war seit langem krank. Er wohnte mit seiner Schwester in einer bescheidenen 3-Zimmer-Wohnung. Johannes XXIII. läutete höchstpersönlich und sagte zu der fassungslosen alten Dame: „Wie geht es Ihrem Bruder? Ich bin gekommen, um ihn zu besuchen. Er ist ein lieber Freund von mir." Als er in das Zimmer des Kranken trat, richtete sich der Kranke auf; er traute seinen Augen nicht ...

Dieser Besuch war der Anfang einer ganzen Reihe von „Ausflügen" außerhalb des Vatikans. Während die Zeitungen davon berichteten, als wäre es ein großes Ereignis, kommentierte der Papst nüchtern: „Daß der Papst oft den Vatikan verläßt, ist doch ganz normal und logisch."

Am Morgen des Weihnachtsfestes 1958 feierte er die heilige Messe im Petersdom. Wiederum gab es eine Neuerung: Man verzichtete darauf, Platzkarten zu vergeben und bestimmte Bänke zu reservieren. Der Papst hatte angeordnet, daß kommen könne, wer wolle; die Bankreihen sollten allen zur Verfügung stehen. Die Leute aus gehobenen Kreisen, Diplomaten, Minister und Prälaten fanden sich inmitten des „einfachen Volkes" wieder.

Nach der Messe besuchte Papst Johannes die Kranken in den umliegenden Krankenhäusern, zunächst die Kinderklinik *Bambino Gesù*. Im Atrium überreichten ihm die dort tätigen Vinzentinerinnen einen Strauß Rosen. Die Kinder waren freudig erregt; ein Junge, der das Bett hütete, rief aus: „Papst, Papst! Komm her!" Als es aus dem Nebenzimmer tönte: „Johannes, Johannes!", reagierten die Schwestern konsterniert, doch der Papst antwortete: „Ich komme schon!" Einem der kleinen Patienten sagte er: „Du heißt Angelo? Weißt du, auch ich hieß einmal so. Doch dann mußte ich mir einen neuen Namen suchen!" In einem anderen Zimmer lag ein Mädchen, Carmine Lemma, die drei Monate zuvor infolge einer Hirnhautentzündung erblindet war. Sie flüsterte: „Du bist der Papst, ich weiß. Aber ich kann dich nicht sehen." Aus ihrem Blick sprach das verzweifelte Leiden eines Kindes, das keine Aussicht auf Genesung hat. Der Papst hatte Tränen in den Augen, er scheute sich nicht, vor allen zu weinen. Er setzte sich auf die Bettkante und streichelte lange die Hand des Mädchens.

Am nächsten Morgen, am Stephanstag, besuchte Johannes XXIII. das Gefängnis „Regina Coeli". Die zuständigen Behörden waren eine Woche zuvor über sein Vorhaben in Kenntnis gesetzt worden, doch den Gefangenen hatte man zunächst nichts mitgeteilt. Bis zum Vorabend spekulierten sie, wer wohl in diesem Jahr kommen würde; denn es war Tradition, daß irgendeine bekannte Persönlichkeit an Weihnachten im Gefängnis erschien. Einige erwarteten Fanfani, den Regierungschef, andere sprachen von der Frau des Präsidenten Gronchi. Als bekannt wurde, daß der Papst kommen würde, löste dies große Überraschung aus; viele der Inhaftierten waren tief bewegt. Eine Abordnung von ihnen durfte persönlich mit dem Papst zusammentreffen; es waren wegen Diebstahls, Einbruchs und Mords Verurteilte. Als einer ihn verhalten fragte, ob seine Worte der Hoffnung auch ihm, der so viel gesündigt habe, gelten könnten, beugte sich der Papst zu ihm herab, richtete ihn auf und schloß ihn in seine Arme. Johannes XXIII. war mit dem Besuch nicht ganz zufrieden: Die Gefängnisleitung hatte nur einige Gefangene für die Begegnung ausgewählt, während er für alle hatte kommen wollen. Nach seiner Ansprache, die über Lautsprecher im ganzen Haus übertragen wurde, fragte er, ob er nicht einen Gang durch das Gefängnis machen dürfe. Die Beamten waren sichtlich überrascht, wollten ihm die Bitte aber nicht ausschlagen. Die Gitter wurden geöffnet, und Johannes XXIII. besuchte die Gefangenen in ihren Zellen. Es gab ein lautes Geschrei, viele Hände streckten sich ihm entgegen. Der Papst gab den Gefangenen seinen Segen; schon seine bloße Gegenwart war für viele ein Trost. Einer hatte die ganze Nacht an einem Porträt des Papstes gearbeitet, das er ihm gerne schenken wollte. Doch das Wachpersonal erlaubte es ihm nicht; ohne Zustimmung der Gefängnisleitung war dies nicht möglich. Immerhin konnte er es dem Papst zeigen. Als dieser am Tag darauf aus der Zeitung erfuhr, daß es ein Geschenk hätte sein sollen, schickte er einen Monsignore zum Gefängnis, um das Bild zu holen und dem Gefangenen auszurichten, daß sich der Papst entschuldige.

Die Audienzen von Papst Johannes waren heiterer, warmherziger, und es ging lauter zu als bisher; durch so manche geistreiche, scherzhafte Bemerkung verstand es der Papst, eine familiäre Atmosphäre zu schaffen.

Im Dezember 1958 empfing er die Artisten des Zirkus Orfei. Der Dompteur hielt ein 45 Tage altes Löwenbaby im Arm, und als der Löwe zu knurren begann, blickte Johannes ihn mißtrauisch an, machte einen Schritt zurück und sagte: „An den Löwen von San Marco bin ich gewöhnt, doch der ist zum Glück aus Marmor. Diesen hier haltet ihr am besten etwas weiter weg!" Während einer anderen Audienz sprach er zu den Gläubigen nicht nur in italienischer, sondern auch in französischer, englischer und spanischer Sprache. Zum Schluß sagte er: „Wir bitten alle um Verzeihung, die diese Sprachen perfekt beherrschen, und hoffen, sie ein andermal besser zu sprechen. Aber im Leben müssen wir ja alle eine Art Noviziat bestehen. Und was die Sprachen angeht, bin ich ein Novize." Als er die Gondolieri von Venedig empfing, sagte er: „Die venezianischen Gondolieri stehen Unserem Herzen sehr nahe ... Wenn ihr nach Hause kommt, sagt, daß ihr euren alten Patriarchen wiedergesehen habt, der jetzt in Rom ist. Und sagt auch, daß ihm die römische Luft gut bekommt."

Seine Worte wurden immer wieder mit nicht enden wollendem Beifall bedacht. Eines Tages beklagte sich der Papst darüber: „Jetzt ist's genug! Ihr solltet aufhören zu klatschen, wenn ihr wollt, daß der Papst noch etwas sagen kann. Er ist ein alter Mann, und es ist gut, ihn nicht zu sehr zu ermüden." Ein andermal sollte er vor 15.000 Mädchen der Katholischen Aktion sprechen, die einen Heidenlärm machten. „Ich werde versuchen, lauter zu reden", sagte der Papst, „aber wenn ihr nicht leiser seid, bin ich wohl gezwungen, euch gleich den Segen zu geben ..."

*Ein Konzil
für die Welt von heute*

Seine geistreichen Bemerkungen, heitere Anekdoten um seine Person und bewegende Begegnungen machten Papst Johannes in kurzer Zeit populär. Die Menschen mochten ihn, immer wieder sorgte er für Schlagzeilen auf den Titelseiten. Doch seine umgängliche Art darf nicht den Blick dafür verstellen, daß er Entscheidungen von enormer Tragweite für Kirche und Welt getroffen hat. Man denke etwa an die Einrichtung des Sekretariats für die Einheit der Christen, zu dessen Präsidenten er Kardinal Bea ernannte; an die wegweisende Sozialenzyklika „Mater et Magistra" vom 15. Mai 1961 (anläßlich des 70. Jahrestags von „Rerum Novarum" Leos XIII.); an die Enzyklika „Pacem in terris" vom 11. April 1963 über den Frieden in Freiheit und Gerechtigkeit zwischen den Völkern, die erste päpstliche Enzyklika, die sich „an alle Menschen guten Willens" richtete; an sein Eingreifen in der Kubakrise; an die Audienz für die Tochter Chruschtschows und nicht zuletzt an die Einberufung des Konzils. Über alle diese Ereignisse sind Artikel, Aufsätze und Monographien geschrieben worden, und da sie an dieser Stelle nur unzureichend gewürdigt werden könnten, beschränke ich mich auf einige vielleicht unbekannte Details, die ich im Gespräch mit unmittelbar Beteiligten erfahren habe.

Der Papst hat die Idee, ein Ökumenisches Konzil

einzuberufen, als eine „göttliche Eingebung" bezeichnet, die ihm während eines Gesprächs mit Kardinal Tardini gekommen sei. Dieser notierte am 20. Januar 1959 in seinem Tagebuch: „Seine Heiligkeit hat gestern Nachmittag über das Programm seines Pontifikats reflektiert und meditiert. Er hat drei Dinge im Sinn: eine Römische Synode, ein Ökumenisches Konzil und eine Neubearbeitung des Kirchenrechts."

In jenen Tagen diskutierte Johannes XXIII. mit seinem Sekretär Capovilla über diese Ideen. Guido Gusso, der Kammerdiener des Papstes, erzählte mir: „Ich habe einen 8-mm-Film über Papst Johannes gedreht, während er mit seinem Sekretär Loris Capovilla durch die Vatikanischen Gärten spazierte ... Der Papst sprach sehr bewegt, und er erhob die Stimme; mir scheint, daß er vom Konzil sprach, von dem damals noch niemand wußte. Ich trat näher, um einige Nahaufnahmen zu machen, dann ging ich ein Stück zurück und bat den Papst, in die Kamera zu schauen oder kurz stehenzubleiben. Geduldig folgte er meiner Bitte, doch unterließ er es nicht, mich gütig zu tadeln: ‚Heute hat uns nur noch unser Künstler mit seinem Dingsda gefehlt!' ‚Künstler' nannte er mich, weil ich früher in Venedig öfter Gitarre gespielt und gelegentlich gemalt hatte. Nach einer Woche war der Film fertig. Ich besorgte einen Projektor, und nach dem Abendessen zeigte ich dem Papst und seinem Sekretär mein Werk. Papst Johannes amüsierte sich sehr. ‚Ich hätte nicht gedacht, daß unser Künstler so tüchtig ist', kommentierte er. Und er fügte hinzu: ‚Aber konntest du nicht ein wenig von meinem Bauch weglassen?' "

Auch wenn er von seinem großen Plan, dem Konzil, fast beiläufig sprach, hatte er sich alles lange und reiflich überlegt. Pater Antonio Cairoli, Postulator im Seligsprechungsprozeß von Papst Johannes, sagte mir: „Das Konzil war eine logische Konsequenz seines ganzen Lebens. Es hat geradezu den Anschein, als habe die Vorsehung selbst ihn auf das vorbereitet, was er dann als Papst initiiert hat. Im Jahre 1908 begann er zusammen mit Mgr. Achille Ratti, dem späteren Papst Pius XI., sich näher mit dem Konzil von Trient und der Methode des hl. Karl Borromäus, dessen Beschlüsse in der Diözese Bergamo umzusetzen, zu beschäftigen. Über dieses Thema verfaßte er eine fünfbändige kritische Ausgabe, an der er 50 Jahre hindurch gearbeitet hat. Am Pfingsttag des Jahres 1944 sagte er in einer Ansprache in der Kathedrale zu Istanbul: ‚Der Krieg ist noch nicht beendet, und schon denken die Menschen dieser Welt darüber nach, welche Ordnung die internationale Gemeinschaft haben soll, die aus den qualmenden Ruinen des Konflikts erwachsen soll. Und wir Kirchenmänner, wie gedenken *wir* uns in die entstehende neue Welt einzuordnen?' Seit jener Zeit spürte er die Notwendigkeit, daß auch die Kirche sich fragen muß, wo sie steht und wie sie die neuen Probleme angehen will."

Bevor Angelo Roncalli zur Tat schritt, ließ er seine Pläne langsam reifen. Als tiefgläubiger Mensch dachte er darüber nach, griff sie bei Zeiten wieder auf und wartete auf „Fingerzeige" der göttlichen Vorsehung, die ihn verstehen ließen, ob seine Überlegungen richtig waren. Doch sobald er diese Gewißheit hatte, schritt er unverzüglich zur Tat; er ließ keine neuen Zweifel und Infragestellungen aufkommen. Einige Tage vor der Eröffnung des Konzils sagte er zu den Gläubigen in der Basilika San Giovanni in Laterano: „Ihr glaubt, daß der Papst nachts nicht schlafen kann und sich mit einer Fülle von Gedanken über das Ökumenische Konzil quält. Nein, der Papst schläft; der Papst ist ganz ruhig. Er fragt sich nicht einmal, wann das Konzil enden wird und ob er es beschließen wird. Er hat das Ende seines Weges erreicht und steht auf dem Gipfel des Hügels; er geht voran, wie er es immer getan hat: Er versucht in allem dem Willen Gottes zu entsprechen."

Am 24. Januar 1959 hatte der Papst alle in Rom anwesenden Kardinäle schriftlich benachrichtigt, daß diejenigen unter ihnen, die am nächsten Tag an der hl. Messe in Sankt Paul vor den Mauern teilnehmen würden, anschließend in den Kapitelsaal der benediktinischen Abtei kommen sollten, da er kurz mit ihnen sprechen wolle. Mehr besagte die ungewöhnliche Einladung, die lebhaftes Interesse auslöste, nicht. Am Sonntag, dem 25. Januar, stiegen die Kardinäle nach dem Gottesdienst die Stufen zum Kapitelsaal hinauf; der Papst legte die Meßgewänder ab und folgte ihnen. Mgr. Dante, der Zeremonienmeister, wimmelte die Neugierigen ab und schloß die Tür.

Als die Kardinäle den Saal verließen, verbreitete sich die sensationelle Nachricht wie ein Blitz: Johannes XXIII. hatte soeben ein „Ökumenisches Konzil" angekündigt! Der Begriff rief zunächst Mißverständnisse hervor; doch bald war klargestellt, woran der Papst dachte: Er wollte die Bischöfe aus aller Welt nach Rom rufen zu einer jener Versammlungen, wie es sie in zwei Jahrtausenden nicht öfter als zwanzigmal gegeben hatte. Die Emotionen, die diese Ankündigung weckte, wurden noch größer, als bekannt wurde, daß es auf dem Konzil auch um die Wiederherstellung der Einheit der Christen gehen sollte. Man wollte „die getrennten christlichen Gemeinschaften" einla-

Die Einheit der Christen war ein Herzensanliegen von Papst Johannes. Hier ist er im Gespräch mit Frère Roger Schutz, dem Prior von Taizé (2. von links); im Hintergrund Kardinal Bea, der erste Präsident des neu geschaffenen Einheitssekretariats.

den, um gemeinsam Wege zur Einheit zu suchen. Das Vorhaben des Papstes löste weltweit ein enormes Echo aus. Die Reaktionen waren sehr verschieden, große Hoffnungen wurden geweckt, aber es gab auch deutliche Kritik, selbst unter hohen Vertretern der Kirche. Doch Johannes XXIII. ließ sich davon nicht beirren.

Es folgten fast vier Jahre intensiver Vorbereitungen; die Organisatoren arbeiteten fieberhaft. Viele meinten, alles sei so geordnet, daß das Konzil in möglichst kurzer Zeit durchgeführt werden könnte. Kardinal Egidio Vagnozzi, ein früherer Mitarbeiter Roncallis in Paris, sagte, der Papst habe ihm gegenüber die Hoffnung ausgesprochen, „daß das Konzil in drei Monaten beendet sein wird". Doch es sollte drei Jahre dauern.

Am 11. September 1962 verkündete Johannes XXIII. in einer Rede vor den Fernsehkameras: „In einem Monat, am 11. Oktober, werden wir das Konzil eröffnen."

Ende September entschloß er sich zu einer Wallfahrt nach Loreto in den Marken, in dessen Kathedrale ein kleines Haus steht, das als das „Haus von Nazareth" verehrt wird. Er wollte das bevorstehende Konzil und seine Bemühungen um die Einheit der Christen unter den besonderen Schutz Mariens stellen. Eine solche Papstreise ist heute nichts Ungewöhnliches, doch muß man sich vergegenwärtigen, daß seit über hundert Jahren kein Papst Rom verlassen hatte. Gerüchte über eine Papstreise außerhalb des Vatikans, die seit 1959 kursierten, waren vom Vatikan stets dementiert worden. Aus Gesprächen mit römischen Prälaten hatten die Journalisten den Eindruck gewonnen, daß der Papst selber den Vatikan gerne einmal verlassen würde, daß aber einige Monsignori dieses Ansinnen mit aller Kraft zu vereiteln suchten.

Am Morgen des 26. September 1962 wurde zur allgemeinen Überraschung die für den 4. Oktober geplante Wallfahrt des Papstes nach Loreto, die durch große Teile Mittelitaliens führte, bekanntgegeben. Auch die

Am 4. Oktober 1962 fuhr Papst Johannes mit dem Zug zu einer Wallfahrt nach Loreto und Assisi. Anschließend bedankte er sich persönlich beim Zugpersonal.

italienische Regierung wurde erst in letzter Minute informiert. Präsident Segni, Ministerpräsident Fanfani, der Innenminister, der Kommandant der Carabinieri und der Polizeichef gerieten in helle Aufregung; bewegte Tage standen bevor, anderweitige Termine mußten abgesagt werden ...

Als der päpstliche „Ausflug" vorüber war, ließ die italienische Regierung dem Papst respektvoll die Bitte überbringen, er möge derartige Reisen in Zukunft längerfristig planen. „Gern", antwortete Johannes

XXIII., „es tut Uns leid, Ihnen solche Unannehmlichkeiten bereitet zu haben; doch Wir fürchteten, daß allzu ängstliche Mitarbeiter Uns an dieser Reise, die Uns sehr am Herzen lag, hindern könnten."

Die Wallfahrt bedeutete für den Papst, der schon krank war, eine beträchtliche Anstrengung. Morgens um 6 Uhr 40 stieg er in den Sonderzug, den der italienische Staatspräsident zur Verfügung gestellt hatte. In Loreto sagte er zu den versammelten Gläubigen: „Ich bin nicht gekommen, um Beifall zu erhalten, sondern um die Muttergottes für das Konzil zu bitten." Von Loreto aus machte er sich auf den Weg nach Assisi, wo er am Grab des hl. Franziskus in demselben Anliegen betete.

Eine Woche später, am Morgen des 11. Oktober, versammelten sich im Petersdom 2.498 Konzilsväter aus aller Welt. Die Nacht hindurch hatte es in Rom leicht geregnet, doch als Johannes XXIII. mit der Eröffnungszeremonie begann, klarte sich der Himmel auf; die Stadt erstrahlte in hellem Sonnenschein.

200.000 Gläubige waren auf dem Petersplatz zusammengekommen; Millionen Fernsehzuschauer verfolgten die Konzilseröffnung zu Hause am Bildschirm. Als der Papst den Petersdom betrat und das „Parlament Gottes" vor sich sah, verschlug es ihm, wie er einem Freund sagte, förmlich den Atem. Die Feier war lang und aufreibend. Papst Johannes hielt eine ausführliche programmatische Rede, die für viele von unerwarteter Klarheit war. Sie ist ein eindrucksvolles Zeugnis seines Denkens und seiner Anliegen und sollte sich als richtungweisend für das Konzil erweisen. Darum lohnt es, einige wichtige Passagen in Erinnerung zu rufen:

„In der täglichen Ausübung Unseres apostolischen Hirtenamtes geschieht es oft, daß bisweilen Stimmen solcher Personen unser Ohr betrüben, die zwar von religiösem Eifer brennen, aber nicht genügend Sinn für die rechte Beurteilung der Dinge noch ein kluges Urteil walten lassen. Sie sehen nämlich in den heutigen Verhältnissen der menschlichen Gesellschaft nur Niedergang und Unheil. Sie reden unablässig davon, daß unsere Zeit im Vergleich zur Vergangenheit dauernd zum Schlechteren abgeglitten sei. ... Wir aber sind völlig anderer Meinung als diese Unglücksropheten ... In der gegenwärtigen Entwicklung der menschlichen Ereignisse, durch welche die Menschheit in eine neue Ordnung einzutreten scheint, muß man viel eher einen verborgenen Plan der göttlichen Vorsehung anerkennen. Dieser verfolgt mit dem Ablauf der Zeiten, durch die Werke der Menschen und meistens über ihre Erwartungen hinaus sein eigenes Ziel, und alles, auch die entgegengesetzten menschlichen Interessen, lenkt er weise zum Heil der Kirche.

Das läßt sich leicht feststellen, wenn man aufmerksam die schweren politischen und wirtschaftlichen Probleme sowie die heute schwebenden Streitfragen durchdenkt. Die Menschen werden von diesen Sorgen so erfüllt, daß sie keine Zeit mehr haben, sich um religiöse Fragen zu kümmern, mit denen sich das heilige Lehramt der Kirche beschäftigt. Ein solches Verhalten ist sicher nicht frei von Bösem, und es ist mit Recht zu verurteilen. Niemand kann aber leugnen, daß diese neuen Verhältnisse des modernen Lebens wenigstens den Vorzug haben, die zahllosen Hindernisse zu beseitigen, durch welche einst die Kinder dieser Welt das freie Wirken der Kirche zu behindern pflegten. Es genügt ein kurzer Blick auf die Kirchengeschichte, um

sofort zu erkennen, wie die Ökumenischen Konzilien selber, die doch eine Reihe ruhmreicher Taten der Kirche waren, oft durch unzulässige Einmischung der staatlichen Autoritäten nur unter großen Schwierigkeiten und Schmerzen begangen werden konnten ...
Die Hauptaufgabe des Konzils liegt darin, das heilige Überlieferungsgut der christlichen Lehre mit wirksameren Methoden zu bewahren und zu erklären. Diese Lehre umfaßt den ganzen Menschen, der aus Leib und Geist besteht, und sie heißt uns, die wir diese Erde bewohnen, als Pilger unserem himmlischen Vaterland entgegenzugehen. Das zeigt auch, warum dieses sterbliche Leben so zu führen ist, daß wir unsere Pflichten gegenüber dem irdischen wie gegenüber dem himmlischen Reich erfüllen müssen, um das uns von Gott gewiesene Ziel erreichen zu können. Das heißt, alle Menschen, als einzelne wie als zur Gesellschaft vereinte, haben die Pflicht, ohne Unterlaß nach den himmlischen Gütern zu streben, solange dieses Leben währt, und die irdischen Güter nur für diesen Zweck zu gebrauchen, so daß ihr zeitlicher Nutzen den Menschen nicht an ihrer himmlischen Seligkeit Schaden zufügt ...
Damit ihre Lehre die vielfältigen Bereiche des menschlichen Lebens erreicht, ... ist es vor allem nötig, daß die Kirche ihre Aufmerksamkeit nicht von dem Schatz der Wahrheit abwendet, den sie von den Vätern geerbt hat; zugleich muß sie auch der Gegenwart Rechnung tragen, die neue Verhältnisse und neue Lebensformen geschaffen und dem katholischen Apostolat neue Wege geöffnet hat. Darum hat die Kirche den wunderbaren Entdeckungen menschlichen Geistes und dem Fortschritt der Erkenntnisse, die wir uns heute zunutze machen, nicht untätig zugesehen, noch hat sie

es an der rechten Wertschätzung fehlen lassen. Aber in der wachsamen Sorge um diese Entwicklung hat sie es nicht versäumt, die Menschen zu mahnen, über diese Art irdischer Erwartungen hinaus auf Gott zu schauen, die Quelle aller Weisheit und Schönheit ...
Das 21. Ökumenische Konzil ... will die katholische Lehre rein, unvermindert und ohne Entstellung überliefern, so wie sie trotz Schwierigkeiten und Kontroversen gleichsam ein gemeinsames Erbe der Menschheit geworden ist. Dieses Erbe ist nicht allen genehm, aber

Eröffnung des Zweiten Vatikanischen Konzils am 11. Oktober 1962.
Als Papst Johannes einmal gefragt wurde, was das Ziel des Konzils sei, öffnete er ein Fenster und sagte: „Frische Luft in die Kirche bringen!"

es wird allen, die guten Willens sind, als ein überreicher und kostbarer Schatz angeboten.

Doch es ist nicht unsere Aufgabe, diesen kostbaren Schatz nur zu bewahren, als ob wir uns einzig und allein für das interessieren, was alt ist, sondern wir wollen jetzt freudig und furchtlos an das Werk gehen, das unsere Zeit erfordert, und den Weg fortsetzen, den die Kirche seit zwanzig Jahrhunderten zurückgelegt hat.

Es ist auch nicht unsere Sache, ... die Lehre der Väter wie der alten und neueren Theologen weitläufig zu wiederholen, denn Wir glauben, daß Ihr diese Lehren kennt ... Für solche Disputation mußte man kein Ökumenisches Konzil einberufen ... [Vielmehr muß] diese sichere und beständige Lehre ... so erforscht und ausgelegt werden, wie unsere Zeit es verlangt. Denn eines ist das Depositum Fidei oder die Wahrheiten, die in der zu verehrenden Lehre enthalten sind, etwas anderes dagegen ist die Art und Weise, wie sie verkündet werden ... Hierauf ist viel Aufmerksamkeit zu verwenden; und wenn es not tut, muß geduldig daran gearbeitet werden, das heißt, alle Gründe müssen erwogen werden, um die Fragen zu klären, wie es einem Lehramt entspricht, dessen Wesen vorwiegend pastoral ist ...

Sie [die Kirche] glaubt, es sei den heutigen Notwendigkeiten angemessener, die Kraft ihrer Lehre ausgiebig zu erklären, als zu verurteilen. Das bedeutet nicht, daß es keine falschen Lehren und keine gefährlichen Meinungen gebe ... Aber sie haben so verheerende Früchte gezeitigt, daß heute bereits die Menschen von sich aus solche Lehren verurteilen ... Sie haben aus Erfahrung gelernt, daß die Anwendung äußerer Gewalt gegen andere, das Potential der Rüstungen und politische Vorherrschaft nicht genügen, um die auf ihnen lastenden schweren Probleme glücklich zu lösen. Angesichts dieser Lage erhebt die Katholische Kirche durch dieses Ökumenische Konzil die Leuchte der Glaubenswahrheit. Sie will sich damit als eine sehr liebevolle, gütige und geduldige Mutter erweisen, voller Erbarmung und Wohlwollen zu ihren Kindern, die sie verlassen haben ... Die Kirche bietet den modernen Menschen keine vergänglichen Reichtümer und auch kein irdisches Glück. Sie schenkt ihnen vielmehr die Gaben der göttlichen Gnade, die den Menschen zur Würde der Gotteskindschaft erheben und die zur wirksamen Bewahrung und Förderung menschlichen Lebens dienen. Sie öffnet ihnen die lebendigen Quellen ihrer Lehre, die die Menschen mit dem Lichte Christi erleuchten, so daß sie erkennen können, was sie in Wahrheit sind ... Schließlich verbreitet sie durch ihre Kinder überall die Fülle christlicher Liebe, die am besten jeden Streit beseitigt und Einheit, gerechten Frieden wie die brüderliche Einheit aller bewirkt ...

[Die Kirche sieht es] als ihre Pflicht an, alles Erdenkliche zu tun, damit das große Mysterium jener Einheit erfüllt werde, die Christus Jesus am Vorabend seines Opfertodes von seinem himmlischen Vater mit glühenden Gebeten erfleht hat ... Genau betrachtet, erstrahlt diese Einheit, die Jesus Christus für seine Kirche erlangte, in einem dreifachen Licht: die Einheit der Katholiken untereinander, die als leuchtendes Beispiel ganz fest bewahrt bleiben muß, sodann die Einheit, die im Gebet und den leidenschaftlichen Erwartungen der vom Apostolischen Stuhl getrennten Christen besteht, wieder mit uns vereint zu sein, und schließlich die Einheit der Hochachtung und Ehrfurcht gegenüber der katholischen Kirche, die ihr von anderen, noch nicht christlichen Religionen erwiesen

wird. ... Dieses ist die Absicht des Zweiten Vatikanischen Ökumenischen Konzils: da es die hervorragendsten Kräfte der Kirche vereint und da es sich eifrig bemüht, daß die Heilsbotschaft von den Menschen bereitwillig aufgenommen werde, bereitet und festigt es auf diese Weise den Weg zu jener Einheit des Menschengeschlechts, die das notwendige Fundament bildet für eine Verähnlichung der irdischen mit der himmlischen Stadt ..."

Im nachhinein erkennt man, daß in dieser Rede des Papstes wesentliche Akzente des Zweiten Vatikanischen Konzils vorweggenommen sind, die nichts von ihrer Aktualität verloren haben.

Am Abend des 11. Oktober 1962 führte eine sternförmige Lichterprozession von den vier Enden der Stadt zum Petersplatz, der sich unter dem klaren Sternenhimmel in ein großes Lichtermeer verwandelte. Der Papst war müde und hatte sich in sein Appartement zurückgezogen. Loris Capovilla erzählt: „An diesem Tag standen weitere Reden und Auftritte des Papstes auf dem Programm. Da kam Mgr. Dell'Acqua zu mir und sagte: ,Es wäre gut, wenn der Heilige Vater sich auch heute abend der Menge zeigen und sie segnen würde. Er muß keine Ansprache halten; es genügt, daß er ihr den Segen gibt. Wir erwarten hunderttausend Menschen, die mit brennenden Kerzen in der Hand singen und beten werden. Schauen Sie doch, ob sie ihn nicht dafür gewinnen können.' Ich wußte, daß es nicht leicht sein würde, ihn zu überzeugen. Papst Johannes hat sich nie leicht getan, sein Programm auf die Schnelle zu ändern. Deshalb wartete ich ein wenig, und erst als ich sah, daß der Platz ein einziges Flammenmeer war, fragte ich ihn: ,Heiliger Vater, wäre es nicht gut, all diesen Menschen den Segen zu geben?'

‚Nein', erwiderte er, ‚das ist im Programm nicht vorgesehen. Wir haben einen schönen Tag hinter uns: Das Konzil ist eröffnet; ich habe eine Rede gehalten, die den Grundtenor der Versammlung bestimmt hat. Es ist gut, dem nichts hinzuzufügen.'

‚Werfen Sie nur mal einen Blick auf diese Leute', sagte ich. Er öffnete die Fensterläden, und als er die Scharen von Menschen mit brennenden Kerzen in der Hand sah, rief er überrascht aus:

‚Ja, sowas! Das hätte ich nicht erwartet!'

‚Wollen Sie Ihnen wirklich nicht den Segen geben? Ich denke, sie hätten es verdient. Es sind Bischöfe, Kardinäle, Diplomaten und viele einfache Leute; die ganze Welt ist da vertreten ...'

‚Schon gut', erwiderte er, ‚aber nur den Segen.'

Ich öffnete das Fenster, und als die Leute bemerkten, daß der Papst ihnen zuschaute, brach ein Sturm der Begeisterung los. Es war diese Begeisterung, die den Papst bewegte, aus dem Stegreif jenes unvergeßliche Grußwort an die Menschen zu richten: ‚Wir wollen einander gern haben', sagte er. ‚Schauen wir uns in dieser Haltung an, wenn wir einander begegnen, um zu entdecken, was uns eint, und außen vor zu lassen, was uns getrennt halten kann. Wenn ihr nach Hause kommt, küßt eure Kinder, und sagt ihnen, daß es eine Liebkosung des Papstes ist.' "

Nie auszurechnen

Während die Vorbereitungen für das Konzil in vollem Gang waren, verlor Johannes XXIII. nichts von seiner stets aufs neue überraschenden Herzlichkeit und Spontaneität. Guido Gusso erzählte mir: „Einige Wochen nach seiner Wahl zum Papst schickte man mich zu seinem Arbeitszimmer, um ihn zu holen. Ich ging hin, doch er war nicht da. Wir suchten ihn in der Kapelle, im Empfangszimmer, wo er öfter das Brevier betete, in einem anderen Raum, wo er den Rosenkranz zu beten pflegte ...: vom Papst keine Spur. Die Ordensschwestern, der Sekretär, mein Bruder, ich und andere konnten ihn einfach nicht finden; langsam begannen wir uns Sorgen zu machen. Papst Johannes, der sich im Apostolischen Palast noch nicht gut auskannte, war wieder einmal auf einer ‚Erkundungsreise'. Er war die Treppe zur päpstlichen Privatbibliothek hinabgestiegen, hatte in einigen alten Büchern geschmökert, wobei sein schönes weißes Gewand reichlich Staub abbekommen hatte; dann war er eine andere Treppe hinuntergestiegen und in ein kleines Büro getreten, das den Angestellten des Vorzimmers vorbehalten war. Diese bekamen einen gehörigen Schreck, als plötzlich der Papst ohne Vorankündigung und Begleitung dastand. Völlig verunsichert kniete sich einer nieder, ein anderer machte ein Kreuzzeichen. Der Papst sagte lachend: ‚Macht keine Anstalten; kommt, wir wollen ein wenig miteinander plaudern.' So fanden wir ihn im Gespräch; er fragte, wie es ihnen gehe, ob sie verheiratet wären und Kinder hätten, ob sie mit der Arbeit und ihrem Gehalt zufrieden wären."

Ein zweites Mal „verschwand" er im nächsten Sommer, während eines kurzen Erholungsurlaubs in der Sommerresidenz in Castelgandolfo. Sein Sekretär Capovilla klopfte wie jeden Morgen bei ihm an, die übliche Begrüßung erwartend: „Guten Morgen. Treten Sie ein, Wir sind schon wach!" Als der Papst sich nicht rührte, klopfte er nochmals: Stille. Besorgt öffnete er die Tür; das Appartement war leer.

Es folgte eine längere vergebliche Suchaktion. Daraufhin mußten die in Castelgandolfo anwesenden Kardinäle, die Gendarmerie und die Schweizer Garde informiert werden. Fast hätte man schon die italienische Polizei eingeschaltet, doch Kardinal Nicola Cardinali gab den klugen Rat, erst einmal abzuwarten, bevor man unnötige Panikmeldungen in die Welt setzte. Schließlich wurde der Papst von einem jungen Schweizer Gardisten entdeckt: In einem Winkel des Parks lugte hinter der üppigen Vegetation das weiße Gewand des Papstes hervor, der in aller Seelenruhe in die Lektüre eines Buches vertieft war. Auf die erleichterten Blicke der Umstehenden sagte er verschmitzt: „Es war ein wunderschöner Morgen, und Wir hatten keinen Schlaf mehr. So sind Wir, ohne jemand zu stören, aufgestanden, und haben Uns einen schönen Spaziergang gegönnt."

Auch als Papst fand Roncalli ein wenig Zeit, sich dem letzten Band des großen Werkes zu widmen, an dem er nunmehr 50 Jahre arbeitete: „Akten des Besuches des hl. Karl Borromäus in Bergamo". Wer spätabends über den Petersplatz spazierte und den unvergleichlichen Anblick des beleuchteten Petersdoms mit seinen Kolonnaden genoß, konnte sehen, daß im Eckzimmer des obersten Stockwerks des Päpstlichen Palastes noch lange Licht brannte. Dort in seinem Schlafzimmer saß der Papst am Schreibtisch und arbeitete an seinem Werk. Als das Buch publikationsreif war und der Verleger die Modalitäten der Veröffentlichung klären wollte, sagte ihm Johannes XXIII.: ‚Der Autor dieses Buchs ist derselbe Roncalli, der auch die anderen Bücher geschrieben hat. Es gibt keinen Grund, das Werk besonders zu lancieren. Es ist genauso zu beurteilen wie die anderen schon erschienenen Bände.' "

Roncalli war sich stets gleich, auch als Papst: einfach, bescheiden und großzügig. Stellte er nach außen hin das Haupt der Kirche dar, so war er privat der alte Pfarrer aus dem Bergamaskischen, mit einem weiten, guten Herzen. Eindrucksvoll ist das Zeugnis seines Kammerdieners Guido Gusso, der eine schier unerschöpfliche Reihe von Beispielen zu nennen wußte, wie großzügig und feinfühlig Johannes XXIII. ihn und seinen Bruder behandelte. „Fast täglich kehrten wir mit einem Geschenk des Papstes nach Hause, manchmal gab er uns einen Blumenstrauß für unsere Frauen. Die Geburtstage oder Namenstage seiner Mitarbeiter entgingen ihm nie, immer hatte er ein kleines Geschenk bereit ...

Zu Weihnachten und Ostern oder anderen Festtagen war es üblich, daß die Angestellten Geld geschenkt bekamen, wobei der Betrag von der Stellung des einzelnen abhing. Papst Johannes setzte fest, daß jeder das gleiche bekommen solle, und als Klagen darüber laut wurden, wollte er, der sonst immer ein offenes Ohr hatte, nichts davon wissen. Wenn jemand in Nöten war oder, etwa für die Hochzeit, Geld brauchte, mußten wir es ihm gleich mitteilen. So erfuhr ich z. B. von einem Chauffeur, der geheiratet hatte und mit 40.000 Lire im Monat auskommen mußte. Er hatte nicht einmal die Mittel, das Schlafzimmer einzurichten. Ich sprach mit Mgr. Capovilla, der sich seinerseits an den Papst wandte. Unverzüglich erhielt er eine Unterstützung ... Der Papst wünschte, daß wir Angestellten wie eine große Familie lebten, daß wir uns gegenseitig hülfen und uns von Zeit zu Zeit auch außerhalb der Arbeit träfen, um die Freundschaft untereinander zu vertiefen. Denn oft arbeitete man nebeneinander her, danach ging jeder seine eigenen Wege, und kleine Reibereien und Meinungsverschiedenheiten trennten uns; das alles war keineswegs im Sinne des Papstes. So machte er den Vorschlag, uns einmal im Monat mit unseren Frauen in einem Restaurant zum Abendessen zu treffen; das Geld spendierte er: Mal gab er es diesem, mal jenem, so daß es schien, als hätte einer von uns das Essen ausgegeben. Einmal rief Mgr. Capovilla im Restaurant an; er sagte: ‚Neben mir steht einer, den ihr kennt; er freut sich, daß ihr alle zusammen und guter Dinge seid, und er schickt euch seine Grüße und seinen Segen.' So weit ging die Liebe des Papstes!

Übrigens hatte er eine nette Formulierung gefunden, mit der er seinem Sekretär zu verstehen gab, daß dieser einem Arbeiter ein Trinkgeld geben sollte: ‚Geben Sie ihm ein Andachtsbildchen!' sagte er – es war üblich, Arbeitern im Vatikan ein Bild mit dem Papst zu geben –, und dann fügte er erklärend hinzu: ‚... aber eines jener Bildchen, mit denen man seiner Frau einen Strauß Blumen kaufen kann!' "

Keine Scheu vor Kommunisten

Die Güte von Papst Johannes beruhte nicht allein auf einer edlen, sensiblen Veranlagung, sondern war auch Ausdruck seiner christlichen Gesinnung. Von klein auf war Angelo Roncalli gewohnt, den Glauben an Gott zu leben. Wenn Gott, wie der Glaube lehrt, Vater aller Menschen ist, dann sind alle Menschen Geschwister, ungeachtet ihrer Rasse, ideologischen oder religiösen Überzeugung. Diese Glaubenswahrheit war in ihm so lebendig, daß er öfter, ohne es zu merken, Regeln und Gepflogenheiten durchbrach, wenn sie dazu in Widerspruch standen.

Zu Beginn der 60er Jahre war für einen Katholiken der Kommunismus eine ruchlose Häresie; Kontakte, Gespräche oder Diskussionen mit Kommunisten kamen nicht in Frage. Als Johannes XXIII. den Begriff des Dialogs einführte und diesen dann auch zu praktizieren begann, wurde er beschuldigt, dem Kommunismus Tor und Tür zu öffnen; einige befürchteten gar eine verheerende Ideologisierung in der Kirche. Pater Antonio, der erste Postulator im Seligsprechungsprozeß von Papst Johannes, der sich zwölf Jahre lang mit der Person und sämtlichen Schriften des Papstes beschäftigt hat, weist derartige Vorwürfe entschieden zurück: „Das sind vollkommen ungerechte Anschuldigungen oberflächlich urteilender Leute, die in ihren Vorurteilen gefangen sind. Was die Prinzipien angeht, war der Papst überaus konservativ. Er hat oft und in aller Deutlichkeit den atheistischen Materialismus verurteilt. Doch den Menschen gegenüber hat er nie, gegen niemand feindliche Gefühle gehegt. Er betrachtete alle Menschen als seine Schwestern und Brüder.

Über seine Haltung gegenüber Nikita Chruschtschow, der während Roncallis Pontifikats der führende Mann des sowjetischen Kommunismus war, ist viel diskutiert worden. Für Johannes XXIII. war auch Chruschtschow ein Kind Gottes, und deshalb hat er nie die Hoffnung auf seine ‚Bekehrung' aufgegeben. Die Ausstrahlungskraft und außerordentliche Güte dieses Papstes ließen den Kremlchef nicht unberührt. Chruschtschow selbst war es, der 1961 die Initiative ergriff und jenen Austausch von Höflichkeiten in Gang brachte, den viele als skandalös betrachteten, der aber vielleicht dazu beigetragen hat, einen dritten Weltkrieg zu verhindern."

Guido Gusso, der Kammerdiener von Papst Johannes, erinnert sich gut an den Beginn dieses Austauschs: „Es war am 25. November 1961, am 80. Geburtstag des Papstes. Während der Heilige Vater speiste, klingelte das Telefon; Mgr. Iginio Cardinale, der vom Papst beauftragt worden war, die Verbindungen mit den Ostblockländern zu halten, war am Apparat. Er sagte, er habe etwas Wichtiges mitzuteilen, und wurde sogleich hinaufgebeten. Cardinale brachte ein langes Telegramm für den Papst mit. Mein Bruder und ich bedienten gerade bei Tisch, und aus Rücksicht auf den Papst wartete Cardinale mit dem Lesen, bis wir den Raum verlassen hätten. Doch der Papst sagte ihm: ‚Lesen Sie nur! Diese beiden gehören zur Familie; bei uns gibt es keine verschlossenen Türen.' Das Telegramm stammte von Chruschtschow, der

Papst Johannes seine Geburtstagswünsche übermittelte. Die Botschaft war in einem herzlichen Ton gehalten. Der Papst sagte darauf: ‚Ich weiß, daß es sich für einen Papst nicht schickt, auf etwas anzustoßen, doch bei einem besonderen Anlaß darf man wohl eine Ausnahme machen.' Er ließ eine Flasche Wein bringen und stieß auf das Ereignis an."

Pater Cairoli wußte weitere interessante Details von den Kontakten mit dem sowjetischen Staatschef zu berichten: „Es war das erste Telegramm, das seit der Oktoberrevolution im Jahre 1917 von Moskau in den Vatikan geschickt wurde. Danach gab es offiziell fast ein Jahr lang keine neuen Kontakte zwischen Chruschtschow und Papst Johannes. Allerdings gab es einen amerikanischen Journalisten, Norman Cousins, der die Beziehungen lebendig hielt. In seiner Funktion als Präsident einer kulturellen Vereinigung konnte er zwischen Washington und Moskau hin- und herpendeln, mit Zwischenstops in Rom. In Wahrheit war er eine Art Mittelsmann des damaligen Präsidenten der USA, John F. Kennedy.

Im Oktober 1962 kam es zu der berüchtigten Kubakrise. Die Amerikaner entdeckten auf der Insel stationierte sowjetische Raketen, worauf Kennedy mit einem Ultimatum an die UdSSR antwortete: Wenn die Raketen nicht binnen 48 Stunden abgezogen seien, würden die USA den Krieg erklären.

Da Kennedy Chruschtschows Sympathien für Papst Johannes kannte, schickte er seinen Vertrauten Cousins unverzüglich nach Rom. Abends um elf erschien dieser im Haus von Mgr. Iginio Cardinale, dem er den Ernst der Lage ausführlich darlegte. Cardinale ließ sogleich den Substituten des Staatssekretariats, Angelo Dell'Acqua, wecken, der seinerseits den Papst informierte. Nach kurzem Nachdenken sagte Johannes XXIII.: ‚Bereitet eine Botschaft vor, die ich morgen im italienischen Fernsehen verlesen werde. Während ihr arbeitet, werde ich zunächst einmal beten.' Dann zog er sich in seine Privatkapelle zurück."

Guido Gusso, der diese Ereignisse aus nächster Nähe miterlebt hat, sagte mir: „Vielleicht wird man nie erfahren, was der Papst in jener Nacht getan hat, um den Frieden zu bewahren. Ich habe ihn mehrfach sagen hören: ‚Zur Erhaltung des Friedens in der Welt würde ich jedes Opfer auf mich nehmen; ich wäre auch bereit, die öffentliche Meinung herauszufordern, Chruschtschow zu treffen und mit ihm über den Frieden zu sprechen.' "

„Als der Papst den Entwurf für die Fernsehbotschaft gelesen hatte", berichtet Pater Cairoli, „hat er bis auf die letzten drei Zeilen alles neu geschrieben. Er ließ den Text sowohl der amerikanischen als auch der sowjetischen Botschaft zustellen, um die Zustimmung beider Länder einzuholen. Morgens um sieben Uhr traf die Antwort von Chruschtschow ein, der sein Einverständnis bekundete; um elf kam die entsprechende Antwort von Kennedy. Mittags verlas der Papst die Botschaft, und am Nachmittag war die Sache gelöst.

Das unverzügliche Eingreifen von Papst Johannes hat Chruschtschow sehr beeindruckt. In den darauffolgenden Monaten zeigte er offen seine Sympathie für den Papst. Mitte Dezember ließ er ihm über Cousins einen Brief mit seinen Weihnachtswünschen überbringen. Papst Johannes bedankte sich mit einer russischen Übersetzung seiner Radiobotschaft zu Weihnachten und seiner Rede vor den Diplomaten. Mitte Januar ließ Chruschtschow den Metropoliten der Ukraine, Josif Slipyj, frei, der 1943 inhaftiert und nach Sibirien deportiert worden war. In einem Gespräch mit Norman Cousins sagte Chruschtschow: „Dieser Papst ist ein Heiliger. Ich verstehe mich darauf: Bis zu meinem 16. Lebensjahr habe ich im Seminar studiert, und wenn ich wollte, könnte ich noch heute bei der Messe ministrieren. Johannes XXIII. ist mir sympathisch, und um ihm einen Gefallen zu tun, habe ich Slipyj freigelassen. Dadurch habe ich mir viele Feinde gemacht. Doch Feinde habe ich ohnehin schon genug ... Mir wäre daran gelegen, daß der Papst den Grund dieser Geste erfährt, und ich würde gern wissen, ob er sie geschätzt hat.'

Norman Cousins machte sich schnellstens auf den Weg nach Rom, um dem Papst Chruschtschows Worte zu referieren. Er ermutigte ihn zu einer persönlichen Antwort. Doch der Papst entgegnete: „Das wäre zu früh; dafür ist die Zeit noch nicht reif. Wir würden riskieren, mehr Schaden anzurichten, als Gutes zu bewirken. Aber sehen Sie: Hier sind zwei goldene Medaillen von meinem Pontifikat. Ich gebe sie Ihnen; eine behalten Sie für sich, und die andere können Sie schenken, wem Sie wollen. Ich weiß nicht, wem Sie sie geben werden, aber Sie wissen schon ..." Als der amerikanische Journalist sie Chruschtschow überreichte, war dieser sichtlich erfreut.

Ende Februar kam Alexis Adschubej mit seiner Frau Rada, der Tochter Chruschtschows, nach Rom. Er bekundete den Wunsch nach einem Empfang beim Papst. Wie sollte der Vatikan reagieren? Chruschtschow hatte Slipyj freigelassen, konnte der Papst nun seinem Schwiegersohn eine Audienz verwehren? Adschubejs Wunsch stieß im Vatikan allseits auf Ablehnung, und als der Papst dennoch zustimmte, gab es fast einen Aufstand. Doch recht besehen, war auch diese Geste Johannes' XXIII. ein Baustein für den Frieden in der Welt."

Die Presse in aller Welt berichtete ausführlich von dieser Audienz, die von vielen als unerhörte Neuigkeit empfunden wurde. Vereinzelt wurden Befürchtungen geäußert, der Kreml wolle die Kirche im Innersten unterminieren ...

Die Audienz, die nicht dem üblichen Protokoll folgte, umfaßte zwei Momente: Bei der offiziellen öffentlichen Audienz wurde Adschubej dem Papst nicht vorgestellt; er war ein ganz „normaler" Besucher. Danach gab es im geheimen eine zweite Audienz, die der Vatikan offiziell nicht angekündigt und auch später nie zugegeben hat: ein vertrauliches Gespräch zwischen Adschubej und seiner Frau und dem Papst. Photographen waren weder bei der ersten noch bei der zweiten Audienz zugegen; man darf vermuten, daß die zuständigen vatikanischen Stellen der Begegnung nur auf ausdrücklichen Wunsch des Papstes zugestimmt hatten und diese keine Spuren hinterlassen sollte.

Das persönliche Zusammentreffen mit dem Papst war geschickt arrangiert; die Journalisten, unter ihnen Adschubej und seine Frau, waren zu einer kleinen Feier geladen, in welcher der Papst anläßlich der Verleihung des Balzanpreises in französischer Sprache eine Rede über den Frieden verlas. Unter anderem sagte er: „Die Neutralität der Kirche ist nicht rein passiv zu verstehen, in dem Sinne, daß der Papst sich darauf beschränkte, die Ereignisse stillschweigend zu beobachten. Im Gegenteil, es ist eine Neutralität, welche die Kraft aktiver Präsenz bewahrt. Sie trägt dazu bei, die Prinzipien eines wahren Friedens zu verbreiten; die Kirche ermutigt unermüdlich zu einer Sprache und zur Einführung von Verhaltensweisen und Einrichtungen, die einen solchen Frieden dauerhaft garantieren. Wir haben des öfteren wiederholt: Das Agieren der Kirche ist nicht nur passiv; es besteht nicht nur darin, die Regierenden zu beschwören, den Griff zu den Waffen zu unterlassen. Vielmehr zielt ihr Handeln auf die Heranbildung von Menschen, die friedliche Gedanken, Herzen und Hände haben. Die Friedfertigen, die das Evangelium selig preist, sind nicht untätig, sondern aktive Baumeister des Friedens.' Die Rede wurde für Adschubej und seine Frau durch Pater Koulic übersetzt. Anschließend erteilte der Papst den Anwesenden seinen Segen und entfernte sich; die Journalisten verließen den Saal. Adschubej, Rada und ihre Begleiter hingegen blieben im Thronsaal, die Türen wurden geschlossen. Einige glaubten gesehen zu haben, daß sich die Gruppe in Richtung der päpstlichen Bibliothek bewegte, und schon griffen die Korrespondenten der Nachrichtenagenturen zum Telefon und gaben die Meldung weiter, der Schwiegersohn und die Tochter Chruschtschows seien in einem Gespräch mit dem Papst.

Aus dem Pressebüro des Vatikans kam eine Reihe von Bestätigungen und Dementis; die sowjetische Botschaft wußte von nichts, ebensowenig das Staatssekretariat des Vatikans, das einen Kilometer vom Pressebüro entfernt liegt. Schließlich wurde angekündigt, es werde bald eine offizielle Erklärung geben. Kurz nach 14 Uhr verlas Pressechef Casimiri eine knappe Meldung, die am gleichen Tag im Osservatore Romano veröffentlicht wurde: „Bei der Audienz waren zahlreiche Journalisten zugegen, darunter auch Herr Alexis Adschubej und seine Begleiter, die den Wunsch nach einer Begegnung mit dem Heiligen Vater äußerten." Mehr besagte die Verlautbarung nicht. Immerhin wurden später einige Details über die zweite, „geheime" Audienz bekannt: Das Gespräch, das 18 Minuten dauerte, fand in einer Ecke des Arbeitszimmers des Papstes statt; zugegen waren der Papst, die beiden sowjetischen Gäste und der Dolmetscher. Guido Gusso, der vor der Tür wartete, hat mir erzählt, es sei eine herzliche Begegnung gewesen; anschließend habe der Papst ihm gesagt: „Hast du gesehen: Die Tochter Chruschtschows war ganz gerührt und hatte Tränen in den Augen."

Gusso fuhr fort: „Der Papst erntete wegen dieser Audienz heftige Kritik. Ich erinnere mich, wie er ganz ruhig sagte: ‚Dieser Herr hat darum gebeten, mich zu sehen. Was hätte ich darauf sagen sollen? Daß ich ihn nicht sehen wolle? Warum?'"

Was im einzelnen während der privaten Begegnung zwischen Johannes XXIII. und den beiden sowjetischen Gästen geschehen ist, hat man nie erfahren; es ist viel darüber spekuliert worden. Der Papst selber hat 25 Tage vor seinem Tod dem damaligen Erzbischof von Paris, François Marty, etwas davon erzählt. Er sagte: „Er [Adschubej] kam mit seiner Frau. Um das Eis zu brechen, fragte ich, wie es ihrer Familie gehe und wie viele Kinder sie hätten. Ich bemerkte, daß mein Interesse sie tief bewegte, besonders die Tochter Chruschtschows, die Tränen in den Augen hatte. Es war eine ganz normale Unterhaltung. Bei der Verabschiedung überreichte ich Herrn Adschubej das übliche Geschenk, eine Medaille des Papstes. Dann suchte ich etwas Passendes für seine Frau, und ich sagte ihr: ‚Jetzt gebe ich Ihnen einen Rosenkranz. Sie wissen nicht, wozu der dient, aber er möge für Sie immer eine Erinnerung an die beste aller Mütter sein, eine

Mutter, die ihren Sohn geliebt hat und ihn auf bestmögliche Weise erziehen wollte. Vielleicht werden Sie, wenn Sie auf Ihre Kinder blicken, an diesen Rosenkranz denken; er wird Ihnen eine Hilfe sein bei der Erziehung.' Da liefen ihr die Tränen über das Gesicht. Daß ich an ihre Familie gedacht hatte, bewegte sie sehr." Darauf sagte Papst Johannes zu Erzbischof Marty: „Die Audienz, die ich den Gästen aus der Sowjetunion gewährt habe, hat nicht überall Anklang gefunden. Doch es ist eine Gewohnheit von mir, die Tür meines Hauses einem jeden zu öffnen. Deshalb habe ich es als meine Pflicht betrachtet, auch die Gäste aus Moskau zu empfangen."

Guido Gusso erinnert sich: „Der Papst sagte, das russische Volk sei ein gutes, religiöses Volk. Millionen und Abermillionen sowjetischer Bürger verstünden nicht viel von Politik und litten darunter, nicht frei ihre religiösen Riten feiern zu können. Als er Patriarch in Venedig war, erhielt er einmal vom Oberhaupt der russisch-orthodoxen Kirche eine Ikone mit dem Bild der Muttergottes zum Geschenk. Noch als Papst betete er vor dieser Ikone, die er in großer Verehrung aufbewahrte, für das russische Volk. Er hatte viele Freunde in Bulgarien, die ihn sowohl in Venedig als auch später in Rom besuchten; er litt sehr unter der Situation der Völker des Ostens und bemühte sich nach Kräften, ihnen in irgendeiner Weise zu helfen."

Die Sorge des Papstes für die Menschen kannte keine ideologischen Barrieren.

Jenseits aller Konventionen

Johannes XXIII. war 77 Jahre alt, als er zum Papst gewählt wurde, und 82, als er starb. In nur fünf Jahren entfaltete er eine unglaublich anmutende Aktivität mit einer innovativen Kraft, die man nur jungen Menschen zutrauen würde. Er war jung geblieben und bewältigte ein enormes Arbeitspensum.

Loris Capovilla, sein Privatsekretär, dürfte ihn tiefer als irgend jemand sonst kennengelernt haben. Er hat sich immer als Gegner von Anekdoten bezeichnet, besonders wenn es um Johannes XXIII. ging, aus Sorge, dies könne „die leuchtende Gestalt des großen Papstes verdunkeln". Freilich ließ er sich in meinen Begegnungen mit ihm öfter von seinen Erinnerungen gefangennehmen, und dabei kam manche interessante Begebenheit aus dem Privatleben des Papstes zum Vorschein. So erzählte er mir vom Arbeitsrhythmus Johannes' XXIII.: „Er hatte sich vorgenommen, morgens um vier Uhr aufzustehen und abends um zehn zu Bett zu gehen. Doch fast nie schaffte er es, diesen Vorsatz einzuhalten: Er stand zwar pünktlich auf, aber selten hatte er bis 22 Uhr die Arbeit, die er sich vorgenommen hatte, beendet. Oft wurde es nach Mitternacht, manchmal ohne daß er es merkte ...

Den Tag begann er immer, wie schon als Kind, mit dem ‚Engel des Herrn'. Anschließend hielt er eine kurze Betrachtung und widmete sich dem Breviergebetbet, für das er sich manchmal anderthalb, ja zwei Stunden Zeit nahm. Vor der Lektüre eines Kirchenvätertextes, der für den betreffenden Tag im Stundenbuch abgedruckt war, wollte er oft den vollständigen Originaltext konsultieren. So stand er auf, suchte die zitierten Werke und las sie ohne Eile, um sie in aller Ruhe auszukosten. Beim Beten eines Psalms kam ihm manchmal eine andere Ausgabe oder bessere Übersetzung in den Sinn; er suchte sie und freute sich daran, wie ein Weinkenner einen guten Wein zu genießen weiß.

Nach der Messe ging er in den Speisesaal zum Frühstück, das aus Kaffee oder Milchkaffee und einem Apfel oder sonstigem Obst bestand. Während er seinen Kaffee trank, waren im Staatssekretariat schon die internationalen Pressemeldungen eingegangen. Die wichtigsten Artikel wurden auf ein großes weißes Blatt geklebt, so daß sich der Papst schnell einen Überblick über das Weltgeschehen verschaffen konnte. Er strich die Dinge an, die ihn besonders interessierten, und wenn er ein wenig Zeit fand, las er die betreffenden Meldungen selber nach (er bekam täglich einen ganzen Stoß Zeitungen).

Am Abend ging er nochmals ganz kurz die eine oder andere Zeitung durch. Gern widmete er einige Minuten der Lektüre des *Eco di Bergamo* oder des *Gazzettino di Venezia*: Auf diese Weise hielt er die Verbindung mit seiner Heimat und der Stadt, deren Bischof er gewesen war. Wenn wir für ihn den Fernseher einschalteten, damit er die Nachrichten sehen konnte, falls etwas Interessantes geschehen war, und zufällig gewisse Werbespots oder Bilder kamen, die er nicht sehen wollte, senkte er den Blick ... Das war für ihn weder eine Buße noch eine ihm auferlegte Abtötung; vielmehr war es seine freie, bewußte Entscheidung. Man darf nicht vergessen, daß dasjenige in ihm, was am stärksten die Herzen der Menschen erobert hat, auch eine Frucht dieser Selbstbeherrschung, dieser Beschränkung und freigewählten Abtötung war. In dem Maße, wie er sich selbst von vielem lossagte, wurde er jeden Tag reicher an inneren Gaben, die er anderen weitergeben konnte. Sein ‚Geheimnis‘, das viele ausfindig zu machen suchten, besteht vielleicht darin.

Papst Johannes war ein genügsamer, einfacher Mensch. Nach dem Frühstück war er gern mit uns, seinen Mitarbeitern, zusammen und erzählte uns von den Eindrücken, die er von einer Audienz, von einer Begegnung oder einem Gesprächspartner gewonnen hatte. Die Audienzen haben ihn, vor allem im letzten Jahr, oft sehr ermüdet. So versuchte ich mein möglichstes zu tun, um ihn dazu zu bewegen, sich ein wenig auszuruhen. Nicht, daß ich befugt gewesen wäre, je eine Audienz abzubrechen, auch nicht, wenn er offenkundig müde war; das hätte er nicht ertragen. Wohl aber war es manchmal möglich, ihm zwischen zwei Audienzen etwas Ruhe zu verschaffen. Ich bat ihn, den Saal zu verlassen und kurz auszuruhen. Dann setzte er sich in seinen Sessel und machte ein viertelstündiges Nickerchen; wie gesagt, konnte er jederzeit schlafen. Danach erschien er zur nächsten Audienz. Manche Leute mögen gedacht haben, daß der Papst in der Zwischenzeit irgendwelche wichtige Dokumente konsultiert oder dringliche Entscheidungen getroffen habe. Hingegen nutzte er die Intervalle zu einer kurzen Atempause … Gewiß, er war ein Asket, aber er verlor nie den Sinn für die Realität und fand sich bereitwillig damit ab, daß er seine Gesundheit nicht über Gebühr strapazieren durfte.

Papst Johannes war ein geselliger Mensch, doch als Papst speiste er meist allein. So hatten es seine Vorgänger gehalten, und er respektierte die Tradition. Doch gelegentlich, immer mit kluger Vorsicht, durchbrach er sie, besonders wenn Personen zugegen waren, die ihm besonders teuer waren. Zu Weihnachten und Ostern lud er die Monsignori Rotta und Testa ein; in Castelgandolfo, in der ersten Zeit, hatte er manchmal einige Kardinäle zu Gast, jeweils zwei. Ich selbst war in den letzten Monaten zwei- oder dreimal mit ihm beim Essen zusammen.

Wenn nach dem Frühstück keine besonderen Programme anstanden, pflegte er ein kurzes Schläfchen in seinem Sessel zu halten, höchstens eine halbe Stunde. Danach machte er, am Stock gehend, einen Spaziergang durch die Gärten, um sich dann der Arbeit zu widmen. Die Gärten stimmten ihn immer ein wenig melancholisch.

‚Laßt uns doch kurz hinausgehen!' sagte er. ‚Warum sind wir immer hier? Gehen wir zur Villa Borghese oder zur Villa Pamphili ... Ist das nicht möglich?'

‚Nein, Heiliger Vater, das geht nicht.'

‚Und warum?'

‚Wir würden die Leute in Verlegenheit bringen.'

‚In Verlegenheit bringen ... Ja, ich verstehe. Aber allmählich werden sich die Leute damit abfinden, nicht wahr? Sie werden sich daran gewöhnen müssen, ihren Bischof mitten unter ihnen spazierengehen zu sehen.'

‚Aber denken Sie nicht, daß wir es auch hier sehr schön haben?' entgegnete ich.

‚Sicher ist es schön hier. Aber es ist jeden Tag derselbe Anblick. Ein wenig Abwechslung täte gut!' "

Loris Capovilla war bei den Audienzen stets zugegen; er hat die Begegnungen des Papstes mit Staats- und Regierungschefs, mit Diplomaten, Politikern und Persönlichkeiten des kulturellen Lebens aus der Nähe miterlebt, und er war der einzige, dem Johannes XXIII. seine Eindrücke anvertrauen konnte. Capovilla erzählt, daß der Papst auch bei diesen offiziellen Anlässen nichts von seiner Spontaneität verlor: „Die Audienzen begannen, wie es im Protokoll vorgeschrieben war, doch sie endeten immer in einem Klima familiärer Herzlichkeit, die vom Papst ausging. Bei jeder Gelegenheit gelang es ihm, durch eine geistreiche, witzige Bemerkung die kühle Atmosphäre offizieller Begegnungen zu überwinden und einen vertrauensvollen, offenen Austausch in Gang zu bringen.

Die erste offizielle Audienz für einen Staatschef fand am 1. Dezember 1958 statt: die Begegnung mit dem persischen Schah Mohammed Reza Pahlewi. Papst Johannes hatte entsprechend der Gepflogenheiten eine kurze Ansprache vorbereitet, und zwar in französischer Sprache. Bis zum Morgen hatte es geregnet, dann war die Sonne durchgebrochen. Der Papst sah von seinem Fenster aus, wie sich die Eskorte näherte, stieg hinunter in die Bibliothek und erwartete seinen Gast. Zunächst lief alles protokollgemäß. Beide erinnerten sich, daß sie sich schon einmal in Paris begegnet waren, doch das Gespräch verlief recht steif. Da sagte der Papst mit seinem bekannten Lächeln: ‚Majestät, sehen Sie, daß auch der Papst etwas vermag?‘ Er zeigte auf die Sonne, die zwischen den Wolken hervorkam. ‚Unser Vatikanstaat ist zwar klein, doch zum Ausgleich haben wir für einen schönen Sonnenschein gesorgt.‘ Der Schah begann zu lächeln, und so fuhr Papst Johannes fort: ‚Wenn Sie wüßten, Majestät, woran mich Ihr Besuch erinnert.

Als Sie ankamen, habe ich beobachtet, wie meine Würdenträger Sie empfingen und mit welcher Feierlichkeit Sie den Palast betraten. Da erinnerte ich mich, welchen Eindruck es auf mich gemacht hatte, als ... – ich glaube, es war Ihr Großvater oder Urgroßvater, vielleicht gehörte er auch einer anderen Dynastie an – als einer Ihrer Vorgänger Vittorio Emanuele III. besuchte. Ich war damals Seminarist, und neugierig, wie ich war, lief ich zum Quirinal, um ihn neben unserem jungen König zu sehen. Aber ich wurde ganz traurig; denn wissen Sie, was die Leute schrien? Es lebe der Schah! Nieder mit dem Papst! – Als Sie hingegen heute durch die Straßen Roms fuhren, hörten Sie die Leute rufen: Es lebe der Schah, es lebe der Papst, es lebe Italien! Es hat sich einiges getan in diesen Jahren, meinen Sie nicht? In diesen Dingen hat sich doch manches zum Besseren gewendet, nicht wahr?'

Nach solchen Audienzen gab Johannes XXIII. mir gegenüber oft Kommentare zu den Reden, zum Geschehen und zu den Leuten. Dabei wurde er nie ironisch oder spitz; er hatte einen tiefen Respekt vor allen. Eher zeigte er sich verwundert, daß ausgerechnet er mit Königen und Fürsten zusammenkam. Vor allem in der ersten Zeit erinnerte er sich nicht immer, daß er der Papst war und folglich mit diesen Leuten auf einer Ebene stand. Ich weiß noch, wie er vor dem Empfang der Königin Elisabeth von England sagte: ‚Wenn man bedenkt, daß der einfache Bauernsohn aus einem kleinen bergamaskischen Dorf berufen ist, die Königin von England zu empfangen, die Herrin Indiens gewesen ist ...' Er wollte, daß es nicht bei einer förmlichen Audienz bleibt, und sagte mir: ‚Hinterher bringen wir sie in mein Arbeitszimmer.' Nach der offiziellen Ansprache und dem üblichen Austausch von Höflichkeiten stiegen wir hinab in sein Zimmer, er mit Elisabeth, ich mit Prinz Philip. Sie unterhielten sich freundlich über dieses und jenes; der Papst zeigte der Königin die Photos seiner Lieben, erkundigte sich nach ihren Verwandten, sie tauschten Eindrücke und Meinungen aus. Dann sagte Papst Johannes unvermittelt: ‚Majestät, ich kenne die Namen Ihrer Kinder, aber ich würde sie gern aus Ihrem Mund hören: keiner vermag sie so auszusprechen wie der Mund der Mutter, auch wenn es ein königlicher Mund ist ...' Gerührt antwortete Elisabeth: ‚Anne, Charles, Andrew.' Darauf sagte der Papst: ‚Anne, wie meine liebe Mutter Anna, Charles wie Karl Borromäus, mein Heiliger, und Andrew wie ... Andreas, der den Herrn so von Herzen liebte.'

Auf einem berühmten Photo sieht man Johannes XXIII. neben Eisenhower stehen und lachen. Die Zeitungen schrieben seinerzeit, er habe gelacht, weil er beim Versuch, Englisch zu reden, lauter Böcke geschossen habe. Doch dies war nicht richtig; es waren vielmehr die Erinnerungen an ihre Begegnung in Paris, die diese Heiterkeit auslösten. Johannes sagte: ‚Sie waren General und sind Präsident geworden; ich war Nuntius und bin Papst geworden. Heute morgen sehen wir uns also wieder, nachdem wir beide ein gutes Wegstück zurückgelegt haben. Sie werden anschließend in die Türkei weiterreisen? Gut, dann ernenne ich Sie hiermit zu meinem Botschafter: Bringen Sie diesem Volk und diesem Land, in dem ich zehn Jahre als Apostolischer Administrator tätig war, meine Grüße. Ich weiß, daß Sie einen Sohn haben, der Johannes heißt, genau wie ich. Wir sind uns wirklich nahegekommen, in jeder Hinsicht.' "

Capovilla kommt auf die Beziehung des Papstes zu John F. Kennedy zu sprechen: „Er ist John F. Kennedy nie persönlich begegnet; seine Brüder Robert und Edward hingegen kamen zu einer Audienz. John schätzte Papst Johannes sehr, er verehrte ihn geradezu, und bekanntlich hat ihm im Oktober 1962 auch die Botschaft des Papstes geholfen, die Kubakrise zu überwinden und einen Krieg zu verhindern. Kennedy hatte erklärt: ‚Die Lage ist außer Kontrolle geraten. In sechs Stunden könnte ich einen Knopf drücken, und es gäbe eine Milliarde Tote.‘ In seinem Appell hatte Papst Johannes gesagt: ‚Wir bitten inständig die Staatsoberhäupter, diesen Schrei der Menschheit nicht zu überhören. Mögen sie alles in ihrer Macht Stehende unternehmen, um den Frieden zu erhalten: So werden sie der Welt die Schrecken eines Krieges ersparen, dessen verheerende Folgen niemand vorhersehen kann.‘

Als Papst Johannes starb, sagte Kennedy: ‚Die Welt ist ärmer geworden.‘ Es hieß seinerzeit, Papst Johannes habe eine der wenigen handsignierten Exemplare seiner Enzyklika *Pacem in terris* Kennedy persönlich gewidmet; doch dem war nicht so. Kennedy erhielt ein solches Exemplar erst nach dem Tod des Papstes; es war meine Idee gewesen, ich dachte, er würde sich über ein vom Papst persönlich unterzeichnetes Dokument freuen. Ein anderes Exemplar bekam übrigens Patriarch Athenagoras."

Große öffentliche Audienzen lagen, anders als man denken könnte, Papst Johannes weniger. Sein Sekretär Capovilla sagt dazu: „Die vielen Leute erschreckten ihn. Wenn ein Sturm der Begeisterung losbrach, war er immer verwirrt. Auf einigen bezeichnenden

Photographien erkennt man, wie er eine instinktive Abwehrhaltung einnimmt. Seine Zurückhaltung hatte einen doppelten Grund: Zum einen hing sie mit seiner Demut zusammen; er wunderte sich immer aufs neue, daß die Leute sich ausgerechnet für ihn begeistern konnten. Zum zweiten spielte sein natürliches Schamempfinden eine Rolle; übertriebene Gefühlsäußerungen hat er nie ertragen können, und tosender Beifall oder laute, begeisterte Rufe erschienen ihm als Übertreibung. Oft habe ich ihn fragen hören: ‚Warum schreien die nur so?' Als besonders unangenehm empfand er, daß sich während der Audienzen ausgerechnet einige Ordensfrauen am lautesten bemerkbar machten: ‚Was bringt sie nur dazu, so zu schreien?' Auch an den Handküssen, den Versuchen, ihn zu berühren, während er auf der Sänfte umhergetragen wurde oder zu Fuß oder im Wagen die Menge passierte, fand er kein Gefallen. Daß jemand vor ihm auf die Knie fiel, ertrug er soeben noch, wenn es im Zeremoniell vorgesehen war, ansonsten brachte es ihn in arge Verlegenheit. Er hat nie verstanden, wieso jemand in der heiligen Messe nach der Wandlung vor ihm niederkniete: ‚Die Anbetung', sagte er, ‚gebührt allein dem Herrn; wie könnte man da die Ehrenbezeigungen Unserer Person gegenüber ertragen?' "

Mit der Zeit begriff Papst Johannes, daß man dem Enthusiasmus der Menschen während der Begegnungen auf den Plätzen und in den Straßen unmöglich Einhalt gebieten konnte. Er fand sich damit ab; denn er war sich bewußt, daß die Leute sich freuten, endlich wieder Gelegenheit zu haben, einen Papst aus der Nähe sehen und sich um ihn scharen zu können. Allerdings verlor er nie seine Abneigung gegen einen übertriebenen Lokalpatriotismus: Wenn Pilger aus seiner Heimat „Bergamo! Bergamo!" zu schreien begannen, wurde es ihm zuviel; er wollte niemand verletzen, aber einen sanften Tadel konnte er nicht unterlassen: „Das ist doch ein wenig zu provinziell!"

Schon in jungen Jahren, als Student in Rom, hatte er sich daran gestört, wie eine Gruppe von Franzosen in Gegenwart des Papstes aus voller Kehle schrie: „Vive le Pape-roi! Vive le Pape-roi!" Das Unbehagen, das er damals empfand, hat er zeitlebens nicht vergessen. Ähnlich war es ihm bei seiner Einführung als Patriarch in Venedig, am 15. März 1953, ergangen. Der tosende Beifall der Gläubigen bei seinem Einzug in San Marco, der noch lauter wurde, als er die Kanzel bestieg, veranlaßte ihn zu den Worten: „Meine Lieben, ich muß euch herzlich bitten, nicht mehr zu klatschen." Dies allerdings war ein Fauxpas gewesen: So wollen Venezianer nicht behandelt werden ... Doch er erinnerte sich, daß Pius X. auf die Eintrittskarten zu den Audienzen hatte drucken lassen: „Applaudieren verboten".

Etwas anderes waren die Begegnungen mit den Leuten in den römischen Vororten. Die Begeisterungsfähigkeit der Römer beeindruckte ihn. Verwundert fragte er sich einmal, warum wohl seine Vorgänger so selten auf die Straßen und Plätze gegangen waren: „Diese Leute sind so sympathisch, herzlich und ehrlich; sie freuen sich, den Papst zu sehen." Als er sich umschaute und die vielen Polizeiautos, die Reihen der Carabinieri und Polizisten sah, fragte er: „Wer sind denn die?" und machte eine Handbewegung, die deutlich zeigte, was er davon hielt.

Capovilla hat mir von einem Besuch des Papstes in einer großen Pfarrei an der Peripherie Roms erzählt: „Damals machten erste Stimmen die Runde, die von der ‚Naivität' des ‚guten Papstes' sprachen; es hieß, der Papst stifte mit seiner Güte um jeden Preis Verwirrung. Man bat, sein Sekretär möge ihn taktvoll darauf hinweisen, sich an diesem Tag nicht wie bei anderen Gelegenheiten gehenzulassen und nicht einige zu verstimmen, bloß um auf den Enthusiasmus anderer einzugehen. Ich sollte ihm zu verstehen geben, daß es auch politisch unklug sei, wenn er von universeller Liebe spreche und sich unterschiedslos allen Menschen väterlich zuwende. Ja, es gab Befürchtungen, jemand könnte die Güte des Papstes gezielt für Wahlkampfzwecke ausnützen. Ich versuchte, ihm die Sache mit äußerster Vorsicht und ganz allgemein anzudeuten. Ich weiß noch, wie betrübt er danach war. Wenn schon nicht mit Worten, so sagte er durch seinen Gesichtsausdruck: Jetzt kommt dieser, um mir zu sagen, was ich tun soll; als ob ich nicht schon meine Ansprache vorbereitet hätte und nicht wüßte, was ich zu sagen gedenke ...

Ich merkte gleich, daß er die Sache nicht verwinden konnte, doch er gab keinen Kommentar. Wir besuchten die Pfarrei S. Maria Goretti; auf einem Kilometer Länge war die Straße voller Menschen, die aus den haltenden Straßenbahnen und Bussen, auf den Gehwegen, an Fenstern und Türen und von den Balkons der Häuser aus freudig dem Papst zuwinkten. Papst Johannes war sichtlich gerührt. ‚Sehen Sie mal all diese Leute', sagte er, ‚ich verstehe wahrlich nicht, warum sie so bewegt sind. Wer bin ich denn? Sie möchten nur einen Segen, meine Zuneigung, einen Gruß ...' Aber er war glücklich: Es war für ihn eine wunderbare Gelegenheit, mit den Menschen draußen in der frischen Luft in Kontakt zu sein. Er atmete mit ihnen, sie atmeten gemeinsam, sie verstanden einander auch ohne große Worte ... Wir kamen zur Maria-Goretti-Kirche, in der sich die Leute drängten. Als er das Wort ergriff, wäre ich am liebsten im Erdboden versunken. Er sagte: ‚Heute ist mir zu Ohren gekommen, ich solle darauf achten, weniger offenherzig und mitteilsam zu sein. Aber ich kenne euch; ich weiß, wer ihr seid, und ich schätze euch. Warum komme ich zu euch? Ich komme zu euch aus einem einzigen Grund: In der einen Hand halte ich die Gesetzestafeln, ein Gesetz, das nicht ich verkündet habe; und in der anderen das Evangelium unseres Herrn, den ich demütig repräsentiere. Ich bringe euch nur dieses Evangelium. Wenn wir uns darin nicht widerspiegeln, dient unser Leben zu nichts.' Er hielt eine ganz einfache, elementare pastorale Ansprache; es schien, als wolle er sagen: Erwartet bloß nicht, daß ich jedesmal, wenn ich das Wort ergreife, eine dogmatische Erklärung abgebe ... Dann fand die übliche Prozession statt, Grußworte wurden entrichtet, kurz: die Visitation nahm den gewohnten Gang.

Im Auto, auf dem Heimweg, fragte er mich: ‚Nun, wie war meine kleine Ansprache?'

‚Bestens, denke ich. Ich habe nie darum gebeten, daß Sie mehr sagen, Heiliger Vater.'

‚Heute abend', fuhr er fort, ‚glaube ich, kommt es vor allem auf eines an. Schauen Sie sich einmal all diese erleuchteten Häuser an, all diese Leute, die froh und in festlicher Stimmung nach Hause gehen. Wichtig ist, daß am Ende der Eindruck bleibt, daß der Papst wirklich ein Vater ist, der niemand ablehnt und seinerseits hofft, von niemand abgelehnt zu werden.'

Seine Augen strahlten, als wir an den Menschentrauben vorbeifuhren; viele applaudierten noch immer. Am liebsten hätte er wohl mit jedem persönlich gesprochen, hätte sie zu Hause besucht und eine friedvolle Stunde mit ihnen verbracht. ‚Ich weiß, was hinter diesen Fenstern und Türen, in all diesen Häusern ist: Da gibt es Schmerzen, Kampf, Freude, Leben, das Tag für Tag bezahlt wird durch Opfer, und viel guten Willen.' In solchen Momenten verlor er jede Scheu und Furcht, nicht einmal die lauten Stimmen derer, die ihrer Freude auf ihre Weise Ausdruck gaben, konnten ihn da blockieren."

Zu Kindern hatte Johannes XXIII. ein ganz besonderes Verhältnis. Seine Haltung war geprägt durch seine Erziehung und seine tiefen Überzeugungen; Capovilla sagte, er habe die Kinder immer „verehrt", aber nie, und dies ist weniger bekannt, habe er ihnen eine Liebkosung zuteil werden lassen: „Er hatte selber keine bekommen und schenkte sie auch keinem anderen. Er selbst hat mir gegenüber geäußert, er habe nie einem Kind einen Kuß gegeben. Bestenfalls legte er ihnen die Hand auf oder bezeichnete sie mit einem Kreuz auf der Stirn.

Ich erinnere mich, wie eines Abends, als er – damals noch als Kardinal – Ferien in Sotto il Monte machte und seine 70jährige Schwester Maria mit einem Kind in den Armen zu ihm kam und es ihm nah ans Gesicht hielt. Er trat zurück und sagte trocken: ‚Wer ist denn das? Geben wir ihm den Segen. Auf Wiedersehen!' Während er die Treppe zu seinem Zimmer hinaufstieg, meinte er: ‚Was ist nur in meine Schwester Maria gefahren? Hat es das jemals im Hause Roncalli gegeben? Sobald die Beine funktionierten, mußte man auf eigenen Füßen stehen und laufen!' Berühmt geworden sind seine Worte vom 11. Oktober 1962, als er den Eltern auf dem Petersplatz sagte: ‚Wenn ihr nach Hause kommt, küßt eure Kinder, und sagt ihnen, daß es eine Liebkosung des Papstes ist.‘ Auch das war nur eine ‚indirekte‘ Liebkosung! Aber lassen Sie es mich nochmals sagen: Ich denke, es war ein Zeichen seines Respekts, nicht aber ein Mangel an Gefühl; denn für Kinder hatte er einen besonderen Sensus ...

Statt aus der eigenen Kindheit oder der anderer einen Mythos zu machen, betrachtete er die Kinder lieber aus der Warte des Evangeliums. Während einer Audienz, es war am 21. November, am Fest der Darstellung Marias im Tempel, sprach er zu den Gläubigen von seinem ersten Besuch eines Marienheiligtums: Er war gerade vier Jahre alt, als seine Mutter ihn am Erntedankfest zum Caneve-Heiligtum brachte, wo ein alter Altar aus dem 16. Jahrhundert mit einem schönen Marienbild verehrt wird. Papst Johannes sagte: ‚Wie ihr wißt, komme ich aus Venedig, wo heute in der Wallfahrtskirche *Madonna della Salute* ein großes Fest gefeiert wird. Doch kann ich nicht ein anderes, bescheidenes Marienheiligtum übergehen, das mich von klein auf beeindruckt hat: das der *Madonna delle Caneve* in meinem Heimatdorf. Es waren so viele Leute dort, daß ich nicht hinein konnte, und weil ich nichts sah, nahm meine Mutter mich auf die Schultern, trug mich zu einem der kleinen Fenster und sagte: Angelino, sieh, wie schön die Muttergottes ist! Ich war damals vier Jahre alt, doch ich erinnere mich noch genau daran.‘

Papst Johannes hat fast nie gespielt. Er gestand einmal: ‚Ich kenne praktisch keine Spiele. Wie sollte ich auch? Als Kind mußte ich, sobald ich mich nützlich machen konnte, den Arbeitern auf den Feldern zu trinken bringen und das Vieh im Stall tränken; zum

Spielen war keine Zeit. Im Seminar sind wir vielleicht mal um die Wette gelaufen; aber das war auch schon alles.' "

Capovilla erzählt, daß es nicht seine Art war, ein Kind, das seine Aufgabe gut gemacht hatte, besonders zu loben: „Bei einer Preisverleihung im Kolleg Cavanis, der er vorstehen sollte, überreichte er die Preise ohne besondere Anteilnahme. Und seine Rede war denen gewidmet, die nicht ausgezeichnet worden waren ... Ebenso war es ihm zuwider, wenn man ihm irgendwelche Jungen mit den Worten vorstellte: ‚Dieser möchte einmal Priester werden; der hat eine Berufung; aus diesem wird einmal ein tüchtiger Mann ...' Er erinnerte daran, wie zurückhaltend seine Mutter in diesen Dingen stets gewesen war: ‚Niemals hätte meine Mutter einem anderen gegenüber Genugtuung darüber geäußert, daß ich Priester werden wollte.' Den einzigen Kuß von ihr bekam er, als er ins Seminar eintrat. Als er sich einmal von seiner alten Mutter verabschiedete – er war damals schon Bischof, und er ahnte, daß er sie vielleicht nie wieder würde sehen können –, haben sie sich weder umarmt noch einen Kuß gegeben." Die nüchternen Umgangsformen standen einer herzlichen, tiefen Beziehung nicht im Wege.

Manche Anekdote über Johannes XXIII. rankt sich um Äußerungen über Frauen. Capovilla erklärt dagegen, er habe sich, auch auf die Gefahr hin, als frauenfeindlich angesehen zu werden, auf kein Gespräch über Frauen eingelassen, „nicht etwa, weil er unsensibel gewesen wäre oder weil ihm die Würde der Frau nichts bedeutet hätte; im Gegenteil, dahinter standen ein ganz großer Respekt und ein ausgeprägtes Schamgefühl. In seinem Tagebuch findet sich der Eintrag: ‚Bei Mgr. Radini wurde bei Tisch nie über

Frauen gesprochen; als ob das andere Geschlecht nicht existierte.' Er selbst hielt sich an das Vorbild dieses großen Bischofs, dessen Sekretär er für viele Jahre gewesen war. Seine Sensibilität ist dadurch nicht verkümmert. Man braucht nur die Briefe an seine Angehörigen zu lesen, um eine Vorstellung zu gewinnen, welches Feingefühl er besaß und welch herzlichen Respekt er Frauen entgegenbrachte ..."

„Haben Sie Papst Johannes einmal weinen sehen?" fragte ich Loris Capovilla. Er antwortete:

„Papst Johannes hat nie den Helden oder Märtyrer gespielt; das lag ihm schon von Natur aus nicht, und noch weniger hätte es seiner Erziehung entsprochen. Von klein auf, zunächst zu Hause, dann im Seminar, war er dazu erzogen worden, bereitwillig Opfer zu bringen. Wenn er von körperlichen Schmerzen sprechen mußte, tat er es nie ohne einen Hauch Ironie, besonders in kritischen Momenten. Als ich etwa eines Tages sah, daß er blasser als sonst war, und ihn fragte: ‚Wie fühlen Sie sich heute, Heiliger Vater?', antwortete er trocken: ‚Wie der hl. Laurentius auf dem Rost.'

Ich weiß, daß auch er Tränen vergossen hat; doch er mochte seinen Schmerz nicht zur Schau stellen. Wir hatten untereinander die Abmachung getroffen, daß ich ihm schmerzliche Nachrichten möglichst schnell mitteilen und mich gleich zurückziehen sollte. In solchen Augenblicken begab er sich sofort in die Kapelle; wenn er weinte, dann nur vor Gott."

„Johannes XXIII. ist für sein herzliches Lächeln bekannt. Wie hat er seine Freude ausgedrückt?"

„Er lächelte oft spontan und von Herzen. Aber er hat selten gelacht; so richtig lachen habe ich ihn eigentlich nie gesehen. Gewiß, auch er konnte sich vergnügen. So schaute er sich gern im Fernsehen die Komödien des großen genuesischen Komikers Gilberto Govi und des unvergleichlichen Venezianers Cesco Baseggio an. Wenn ich mich recht entsinne, waren sie die einzigen Schauspieler, deren Filme Papst Johannes anschaute. Manchmal habe auch ich ihn erheitern können: Ich las ihm aus alten Büchern im venezianischen Dialekt vor, die ihn immer zum Schmunzeln brachten ..."

„Wie hat Papst Johannes sich Ihnen gegenüber verhalten? Sie waren lange sein Sekretär ..."

„Papst Johannes behandelte mich immer mit großem Respekt. Wenn er einmal irgendeine Arbeit von mir nicht durchgehen lassen konnte, hatte er regelrechte Skrupel. Manchmal sagte ich ihm abends: ‚Heiliger Vater, wenn Sie nicht zu müde sind, könnten Sie mir noch einige Stichpunkte für Ihre morgige Ansprache diktieren. So kann ich den Entwurf vorbereiten, und Sie haben weniger Mühe, ihn zu redigieren.' Er nahm immer dankbar an. Ich schrieb alles ab, versuchte die Stichpunkte zu ordnen, und nach einigen Stunden kehrte ich zurück, um ihm das Ergebnis zu überbringen. Wir hatten vereinbart, daß ich noch anklopfen konnte, wenn Licht durchs Schlüsselloch fiel; sonst würde ich bis zum Morgen warten. Meistens wartete er noch auf mich. Er warf einen Blick auf die Blätter und sagte: ‚Sieh mal an: All das haben Sie für mich getan?! Wieviel Mühe haben Sie sich gemacht. Ich werde es mir anschauen und möglichst nichts ändern; sicher ist es gut so.' Lieber hätte er darauf verzichtet, Dinge zu sagen, die ihm am Herzen lagen, als ohne triftigen Grund Hand an die Arbeit eines anderen zu legen."

Capovilla ergänzt, daß Papst Johannes sehr entschieden seine Anliegen vortrug; ihn von seinen Ideen abzubringen, war nicht leicht.

Unvergeßlich ist ihm das Gespräch, das er mit dem Papst führte, bevor dieser in Agonie fiel: „Er sagte mir: ‚Wir haben zusammen gearbeitet und der Kirche gedient, ohne uns damit aufzuhalten, die Steine aufzusammeln, die bisweilen den Weg behinderten. Du hast meine Fehler ertragen, ich die deinen. Wir werden immer Freunde sein.' Und kurz darauf fügte er hinzu: ‚Mein lieber Don Loris, es tut mir leid, daß du genötigt warst, deine alte Mutter zu vernachlässigen, um mir nahe sein zu können. Jetzt kannst du sie besuchen, wann immer du willst.' "

Die letzte Stunde ist gekommen

Während seines langen Lebens erfreute sich Angelo Roncalli stets einer guten Gesundheit. Seine starke Konstitution erlaubte dem Bauernsohn, Mühen und Unbilden mit Schwung und außergewöhnlicher Widerstandskraft zu ertragen. Seinen Tagesrhythmus, von vier Uhr morgens bis gegen Mitternacht, den er noch mit 80 Jahren beibehielt, hätte mancher Zwanzigjährige kaum verkraftet. Zu akzeptieren, daß nun für ihn der Moment gekommen war, in dem er sein Leben aus der Hand geben mußte, war nicht leicht. Johannes XXIII. war schwerkrank. Die Medizin war in den 60er Jahren noch nicht in der Lage, adäquate schmerzstillende Mittel für Tumorkranke bereitzustellen, und er muß sehr gelitten haben. Doch nur wenige Personen haben dies mitbekommen, insbesondere Guido Gusso und dessen Bruder Paolo, der zwischenzeitlich ebenfalls in den Dienst des Papstes getreten war. Die beiden haben ihn wie niemand sonst in Augenblicken unerträglicher Schmerzen erlebt und versuchten, ihm nahezusein.

„Im September 1962 merkten wir, daß der Papst krank war", erzählte mir Guido Gusso. „Er begann, über Magenschmerzen zu klagen. Der Schmerz wurde manchmal so heftig, daß er nicht atmen konnte. Am letzten Sonntag im September entschloß er sich zu einer gründlichen Untersuchung."

Unter dem Vorwand, die neuen Räumlichkeiten der Ersten Hilfe im Vatikan zu segnen, ließ er sich röntgen und genauer untersuchen. Die Diagnose lautete: Es ist ein bösartiger Tumor. Die Ärzte teilten seinem Sekretär mit, daß sie ihm keinerlei Hoffnung machen könnten. Die Nachricht traf Capovilla hart; er beriet sich sogleich mit den engsten Vertrauten des Papstes. Es war ein Sonntag tiefer Trauer.

Dem Papst selbst wurde zunächst nichts gesagt, doch es blieb ihm nicht verborgen, daß etwas Schlimmes geschehen sein mußte; alle schwiegen und wirkten sehr besorgt. Capovilla ging immer wieder zum Telefon und sprach mit verschiedenen Leuten, ohne ihm etwas zu sagen. Papst Johannes rief Gusso herbei und meinte: „Guido, unserem Sekretär geht es nicht gut, nicht wahr?"

„Aber nein, Heiligkeit, es fehlt ihm nichts."

„Doch", beharrte der Papst, „hier gibt es etwas, was ich nicht weiß. Er hat irgend etwas ..."

Als Capovilla kam, fragte er ihn: „Fühlen Sie sich nicht gut?"

„Doch, ganz gut, Heiliger Vater. Ich bin lediglich ein bißchen müde und habe leichte Kopfschmerzen; nichts Ernstes!" antwortete der Sekretär.

„Kein Wunder, wo Sie sich so um alle kümmern, ohne einmal an sich zu denken ..."

Nach einer kurzen Pause fragte der Papst nochmals nach: „Machen Sie sich irgendwelche Sorgen? Sie sind heute anders als sonst ..."

„Vielleicht bin ich ein wenig wegen Ihrer Gesundheit besorgt, Heiliger Vater", antwortete der Sekretär.

„Ihr seid besorgt? Wenn schon, dann müßte *ich* mir Sorgen machen; es betrifft ja mich."

Papst Johannes stellte keine weiteren Fragen. Er

ging zu seinem Sessel und ruhte sich wie gewöhnlich eine Viertelstunde aus. Abends ging er zur Torre di San Giovanni, wo er seit kurzem wohnte, um sich besser erholen zu können. Guido Gusso kam die Idee, ihn dort mit seinem zweijährigen Sohn zu besuchen; denn der Papst hatte den Kleinen sehr liebgewonnen. Nach dem Abendessen nahm Papst Johannes ihn auf den Schoß und scherzte den ganzen Abend mit ihm.

Eine Woche darauf, am 2. Oktober 1962, brach der Papst zur erwähnten Wallfahrt nach Loreto und Assisi auf. Es war eine anstrengende Reise für den schwerkranken Papst. Er reiste, wie gesagt, im Zug. Entlang der Bahnstrecke, besonders auf den Bahnhöfen, hatten sich viele Leute versammelt, die dem Papst, der am Fenster stand und die Leute grüßte, zuwinkten. Zwischendurch sprach er mit seinen Begleitern, darunter Ministerpräsident Fanfani, und mit dem Zugpersonal.

„Auf der Rückfahrt war er völlig erschöpft", erzählte mir Guido Gusso, „doch es entging ihm nicht, daß auch wir müde waren; die ganze Zeit waren wir auf den Beinen gewesen. Liebevoll sagte er: ‚Zieht ruhig die Schuhe aus, Kinder; es macht nichts, daß der Papst dabei ist. Ihr habt auch einen anstrengenden Tag hinter euch!' Zurück im Vatikan, begleiteten ihn mein Bruder Paolo und ich zu seinem Appartement. Bevor wir uns gegen Mitternacht auf den Heimweg machten, schauten wir noch einmal kurz vorbei; er saß immer noch an seinem Schreibtisch. Wir ließen uns den Segen geben; dann sagte er: ‚Unter uns einfachen Leuten ist es doch Sitte, daß man von einer Wallfahrt ein Andenken nach Hause mitbringt. Habt ihr etwas für eure Frauen, wenn ihr heimkommt?'

‚Heiliger Vater, es war ein derart voller Tag, daß wir nicht mal zum Essen gekommen sind; wie hätten wir an ein Geschenk für unsere Frauen denken sollen? Wir werden ihnen berichten, was wir erlebt haben. Das ist schließlich auch ein Geschenk.'

‚Gewiß, aber es ist nichts Konkretes ...' Dann griff er zu einer Schachtel mit Rosenkränzen aus japanischen Perlen, die man ihm in der Loretokirche überreicht hatte, und gab jedem von uns einen: ‚Der ist für deine Ausilia', sagte er zu Paolo, und zu mir gewandt: ‚Der ist für deine Antonia.' "

Trotz seiner Erkrankung behielt Johannes XXIII. bis in die letzten Monate hinein seinen Arbeitsrhythmus bei. Doch die Schmerzen wurden heftiger, die Krankheit schritt rasch voran, und die Medikamente brachten keine Besserung. Er konnte nicht essen und fand kaum Schlaf; unverkennbar war er von der Krankheit gezeichnet, doch er klagte nie. Sein Gesichtsausdruck wirkte angespannt; wenn er lächelte, merkte man, das es ihn etwas kostete. Guido Gusso sagte mir, der Papst habe in dieser Zeit ständig gebetet. Wohltuend waren die Augenblicke der Begegnung mit den Menschen während der morgendlichen Audienzen, die seit seiner Erkrankung noch ergreifender als früher waren. Wenn er danach im Aufzug zu seinem Appartement hinauffuhr, war die momentane Erleichterung vorbei; die drückenden Schmerzen, die Mühen des Tages schienen sein Gesicht schlagartig wieder zu zeichnen. Einmal sagte er, in den Aufzug steigend, zu seinem Kammerdiener: „Guido, jetzt beginnt das Leiden; bis morgen wird es sehr bitter sein."

Vielleicht wußte der Papst nichts Genaues über die Art seiner Erkrankung; geahnt hat er es sicher: „Zwei meiner Schwestern und ein Bruder sind an einer heimtückischen Krankheit gestorben; ich glaube, daß ich jetzt an der Reihe bin", vertraute er Guido Gusso an.

Guido und Paolo Gusso blieben nun auch nachts in der Nähe des Papstes; sie schliefen im Wechsel in einem Nebenzimmer. Papst Johannes hat manche schlaflose Nacht verbracht; er freute sich, wenn jemand ihm Gesellschaft leisten konnte. Öfter begann er seinen Kammerdienern zu erzählen, fast immer aus der Kindheit: von der Mutter, dem Vater, seinen Geschwistern, den kleinen Scherereien zu Hause. Er sprach vor allem von seinem Onkel Zaverio, den er als einen außergewöhnlich weisen alten Mann beschrieb, der in seinen ersten Jahren großen Einfluß auf ihn gehabt habe. Auch seine früheste Erinnerung war mit ihm verbunden: Zaverio hatte ihn als Dreijährigen auf den Schultern zu einem Fest in ein Nachbardorf getragen ...

Eines Nachts erzählte er, daß er einen Brief von einem jungen Prälaten erhalten habe, der seit zwei Jahren in Südamerika war und zurückkehren wollte, weil ihm das Leben dort zu schwierig erschien. Seine Mutter lebte noch, und er leide darunter, fern von ihr zu sein. Der Papst sagte: „Der junge Mann läßt sich schnell entmutigen. Er hat ein Auto, ein schönes Haus und viele Annehmlichkeiten. Als ich in Sofia war, wohnte ich in einer kleinen, ärmlich eingerichteten Wohnung ohne Heizung. Ich hatte kein Auto, und oft reichte das Geld nicht mal fürs Essen. Wie oft haben mein alter Sekretär und ich uns warm anziehen müssen, um uns vor der Kälte zu schützen; wir standen am Fenster und warteten auf den Postboten, der uns einen Scheck vom Heiligen Stuhl überbringen würde. Wenn er kam, konnten wir wieder zu essen kaufen; doch wie oft haben wir umsonst gewartet ..."

Papst Johannes hatte eine Klingel neben dem Bett, um im Notfall jemand zu Hilfe rufen zu können. Er hat nur ganz wenige Male davon Gebrauch gemacht, und zwar in der ersten Zeit seiner Krankheit. Als auf sein Läuten hin Ordensschwestern, ein Arzt und der Kammerdiener, der die Nachtwache übernommen hatte, erschienen, überkamen ihn Gewissensbisse; es widerstrebte ihm, andern solche Umstände zu verursachen.

Auch während seiner Krankheit verlor er nicht seinen Humor. Als Paolo Gusso ihn einmal fragte, ob er noch etwas nötig habe, antwortete er scherzend: „Nein, Paolino, jetzt bin ich gut versorgt; es geht mir gut wie einem Papst!"

In der Nacht vom 30. auf den 31. Mai 1963 begann die kritische Phase der Krankheit. Der Papst erlitt eine innere Blutung, die starke Schmerzen verursachte; sofort wurde der Arzt, Prof. Mazzoni, herbeigerufen.

Guido Gusso erinnert sich: „Der Papst hat von Jugend auf einige Heilige besonders verehrt, deren Namen er an die Litanei anfügte. Als er Patriarch von Venedig wurde, ergänzte er diese Liste von zehn, zwölf Heiligen um die ‚venezianischen Heiligen': Markus, Hieronymus Aemiliani und Laurentius Justiniani. In jener Nacht rief er sie einen nach dem andern an, daß sie ihm beistünden und helfen möchten, die Schmerzen zu ertragen. Der Arzt hatte ihm ein Medikament gereicht, das die Schmerzen linderte, doch es war trotzdem eine schlimme Nacht."

Loris Capovilla kam die schwere Aufgabe zu, dem Papst mitzuteilen, daß er wohl nicht mehr lange zu leben habe. Der Sekretär erzählt: „Es war am Freitag, dem 31. Mai, drei Tage vor seinem Tod. Die Professoren Valdoni und Mazzoni hatten mir mitgeteilt, daß es keine Hoffnung mehr gebe. Der Papst hatte die von mir zelebrierte Messe mitgefeiert und anschließend eine Stunde lang gebetet. Ich trat zu ihm hin; meine Stimme war gebrochen, doch ich konnte mich wieder fangen: ‚Heiliger Vater', sagte ich zu ihm, ‚ich halte Wort. Jetzt muß ich die Aufgabe wahrnehmen, die Sie Mgr. Radini Tedeschi gegenüber erfüllt haben, als seine letzten Tage gekommen waren. Die Stunde ist da: Der Herr ruft Sie.' Papst Johannes blieb ruhig, schaute mich kurz an, schloß die Augen und sagte: ‚Es wird gut sein zu hören, was die Ärzte sagen.'

‚Sie sagen, daß das Ende nahe ist ...'

Seine Frage, ob es noch eine Operation geben werden, mußte ich verneinen; eine Peritonitis habe seinen langen Widerstand gebrochen. Meine Stimme versagte. Er selbst war es, der mich beruhigte; er hatte den Tod schon akzeptiert. Er blickte die Umstehenden an und bat: ‚Helft mir, zu sterben, wie es sich für einen Bischof, für einen Papst gehört.' Als er auf dem Tisch Geld liegen sah, bat er mich, es zum Staatssekretariat zu bringen. ‚Ich möchte, daß ich arm zum Herrn gehe, ohne irgend etwas, so wie ich in Wahrheit bin.'

Ich sagte ihm, daß der Petersplatz voller Menschen sei, die für ihn beten. ‚Das ist verständlich', antwortete er, ‚ich liebe sie, und sie lieben mich.' "

Man benachrichtigte seine Geschwister in Sotto il Monte. Zaverio berichtet: „Als ich am Freitagmorgen draußen arbeitete, kletterte ein Neffe zu mir in den Weinberg hinauf und sagte, der Papst liege im Sterben ... Wir kamen mit dem Flugzeug in der Dunkelheit in Rom an, zur gleichen Zeit wie Erzbischof Montini von Mailand. Der Petersplatz war überfüllt von Menschen, die beteten; in den Korridoren des Vatikans herrschte schmerzerfülltes Schweigen. Mein Bruder hatte das Bewußtsein verloren; er atmete schwer und bekam Sauerstoff. Mir kamen die Tränen, und ich zog mich in eine Ecke zurück, setzte mich und folgte dem Rosenkranz, den Mgr. Capovilla leise betete ... Ich mußte an unsere letzte Begegnung denken: Mein Bruder war sehr blaß; er sagte, er leide unter Magenbrennen ... Unwillkürlich dachte ich an unsere drei Geschwister, die an Krebs gestorben waren ... ‚Was für ein Leben führt Ihr auch', hatte ich damals gesagt, ‚immer Leute um Euch herum, immer Verpflichtungen ...'

In der Nacht, gegen drei Uhr, faßte mich jemand am Arm. Es war Giuseppe, mein Bruder: ‚Er wacht auf; sie haben ihm die Sauerstoffmaske abgenommen', flüsterte er.

Er hatte tatsächlich die Augen geöffnet. Ein Monsignore beugte sich zu ihm herab und sagte ihm, daß wir aus Bergamo gekommen seien. ‚Wo seid ihr?' fragte er mit leiser Stimme. Als Ältester trat ich vor und faßte seine Hand. ‚Bist du es, Zaverio?' fuhr er fort. Eine Schwester half ihm, sich aufzurichten. ‚Schaut mich nicht an, als wäre ich ein Gespenst. Der Herr hat mir gewährt, wieder zu mir zu kommen und euch zu sehen ... Gestern war ich tot, heute bin ich lebendig; doch wie ich dem Beichtvater sagte: Die Koffer sind bereit. Ich kann jederzeit ruhig abreisen ...' Er sprach davon, daß er bald unsere Eltern wiedersehen würde. Als ich sah, daß ihm die Tränen herunterliefen, konnte auch ich mich nicht mehr halten ..."

Der Papst schlief ein, doch immer wieder gab es Momente, in denen er bei Bewußtsein war. Als er seinen Neffen Battista, der inzwischen Priester geworden war, kommen sah, scherzte er gar: „Ach, da ist auch der Literat der Familie! Aber nicht der erste; denn der bin ich!"

Der Papst wollte nochmals beichten. Eine halbe Stunde war er mit Mgr. Cavagna zusammen; dann empfing er die Eucharistie. Er wollte sich von allen Anwesenden verabschieden, von jedem persönlich. Zuerst rief er seinen Sekretär, dann die Brüder Gusso. Guido erzählt, daß der Papst sich nach seinem Sohn erkundigte und ihm unbedingt noch einen Wunsch erfüllen wollte: „Als ich nachdrücklich ablehnte, entgegnete er: ‚Noch bin ich Papst, auch wenn ich im Sterben liege. Was ich sage, ist immer noch gültig, weißt du.'

Ich bat ihn, mich und meine Familie vom Himmel aus zu beschützen. Er schien zu lächeln. Dann sagte er mir: ‚Ich möchte dir noch einen Rat geben. Guido, das darfst du nie vergessen, wenn ich nicht mehr bin: Häng dich nicht ans Geld. Du kommst wie ich aus einer bescheidenen Familie ... Dein Vater ist Bäcker, dein Onkel ist Fischer. Mein Vater war Bauer. Das sind Titel echten, unbestreitbaren Adels. Strebe nicht nach Geld; das Hängen am Geld ist die Wurzel vieler Übel. Der Reichtum des Christen ist der Glaube ...' "

Am Samstag, dem 1. Juni, fiel der Papst ins Koma; für sieben Stunden war er nicht bei Bewußtsein. Kardinäle, Bischöfe und Diplomaten waren im Appartement des Papstes versammelt. Am Nachmittag kam er unerwartet wieder zu sich, er erkannte die Anwesenden. „Er wollte, daß wir ihm helfen, sich aufzurichten, und verlangte einen Kaffee", berichtet Guido

Gusso. „Wir konnten diesen Aufschwung nicht fassen und dachten geradezu an ein Wunder. Doch Professor Mazzoni sagte uns, es sei lediglich ein kurzer lichter Moment, der am klinischen Befund nichts ändere."

Der Papst wiederholte Worte aus dem Evangelium: „Ich bin die Auferstehung und das Leben: Wer an mich glaubt, wird auf ewig nicht sterben ... Mit dem Tod beginnt ein neues Leben."

Dann verlor er wieder das Bewußtsein; als er nach 24 Stunden nochmals zu sich kam, konnte er nicht mehr sprechen, doch seine Lippen bewegten sich unentwegt: Der Papst betete still, den Blick auf das große Kreuz auf dem Schreibtisch gewandt. Auf dem Petersplatz war wieder eine große Menschenmenge zum Gebet und zu einer Meßfeier versammelt; als der Gottesdienst zu Ende war, am Montag, dem 3. Juni 1963, um 19.49 Uhr starb Papst Johannes.

Lebendig über den Tod hinaus

Papst Johannes wurde sogleich nach seinem Tod wie ein Heiliger verehrt. Gut dreißig Jahre sind vergangen; der Seligsprechungsprozeß ist noch nicht zum Abschluß gekommen, doch für viele Menschen steht außer Frage: Johannes XXIII. ist ein Heiliger. Während des Konzils wurde die Möglichkeit erwogen, ihn in einem außerordentlichen Verfahren heiligzusprechen, doch dann entschied man sich für ein reguläres Verfahren, das in der Regel beträchtliche Zeit in Anspruch nimmt. Über das lange Leben des Roncalli-Papstes mußten mehr als 20.000 Seiten Unterlagen und Dokumente gesichtet, katalogisiert und begutachtet werden. Der eigentliche Seligsprechungsprozeß beginnt mit einer Petition von Gläubigen beim Papst. Das erste Gesuch, von einem unbeschuhten Karmeliten aus Mailand, brachte Kardinal Giovanni Battista Montini mit, als er nach Rom zu dem Konklave fuhr, aus dem er als neuer Papst hervorgehen sollte. Im Jahr darauf baten die Bischöfe von Venezien Paul VI. um die Einleitung des Seligsprechungsprozesses, und wenige Monate später teilte das Pressebüro des Vatikans mit, daß aus aller Welt schon über eine Million Bitten um die Kanonisierung Johannes XXIII. eingegangen seien.

Das Verfahren wurde unverzüglich eingeleitet. Mit dem langjährigen Postulator, dem inzwischen verstorbenen Franziskanerpater Antonio Cairoli, habe ich mehrfach persönlich sprechen können. Seinen Platz hat inzwischen ein anderer Franziskaner eingenommen. Nach meinen Informationen ist der Prozeß an sich beendet; es fehlt nur noch der letzte Schritt seitens des Papstes. Auch die gewöhnlich geforderten beiden Wunder, die nach dem Tod des Betreffenden auf dessen Fürsprache geschehen sein müssen, sind anerkannt. Zahllose wundersame Heilungen werden Papst Johannes XXIII. zugeschrieben; zwei, die äußerst streng und von unabhängiger Stelle wissenschaftlich untersucht wurden, hat Cairoli für den Seligsprechungsprozeß ausgewählt. Die Geheilten leben noch; eine ist die Ordensfrau Caterina Capitani, bei der man den Magen, die Bauchspeicheldrüse und die Milz hatte entfernen müssen. Während einer akuten, lebensgefährlichen Krise ist sie nach inständiger Anrufung Johannes' XXIII. plötzlich genesen; seit über 27 Jahren kann sie unerklärlicherweise alles zu sich nehmen und ist voll bei Kräften. Die andere Geheilte ist die Sizilianerin Giovanna La Terra Majore, die wegen fortschreitenden Muskelschwunds seit 23 Jahren bewegungsunfähig war und am 23. Mai 1967 von ihrem Leiden geheilt wurde, nachdem sie die Krankensalbung erhalten hatte und ihre Angehörigen ihren Tod erwarteten.

Doch es sind nicht nur und nicht in erster Linie solche außergewöhnlichen Geschehnisse, die Johannes XXIII. im Gedächtnis und in den Herzen vieler lebendig bleiben lassen.

Mehr als drei Jahrzehnte nach seinem Tod hat sich die Welt tiefgreifend verändert; es hat große wissenschaftliche Errungenschaften gegeben, Ideologien und Regime sind zerbrochen; was die Kirche betrifft, hat das Zweite Vatikanische Konzil Zeichen gesetzt, die nicht rückgängig zu machen sind, und allen Schwierigkeiten und Rückschlägen zum Trotz einen Prozeß der Erneuerung in Gang gebracht. Johannes XXIII. hat einen wesentlichen Beitrag zu den positiven Wandlungen geleistet. Er war es, auf dessen Initiative das Konzil zustande kam, er war es auch, der den Weg zum Dialog mit Chruschtschow bahnte. Beides war nicht Ergebnis strategischer Planung oder politischen Kalküls, sondern eine Frucht jener unerschütterlichen, im weitesten Sinne ökumenischen Offenheit Johannes' XXIII. Für ihn gab es keine politischen, ideologischen, rassischen oder doktrinären Barrieren; in seinem Tagebuch schrieb er: „Die ganze Welt ist meine Familie."

Diese Überzeugungen waren grundgelegt in der Erziehung, die er zu Hause in Sotto il Monte genossen hatte, besonders durch seine Mutter und Onkel Zaverio. Was sie beinhalteten, hatte er im Kontakt mit Menschen unterschiedlicher Weltanschauungen während seines 20jährigen Aufenthalts in Bulgarien, in der Türkei und in Griechenland tiefer erfassen können. Auf dem Stuhl Petri hat er sich weiter an diese klaren Grundsätze gehalten und ist nicht zuletzt dadurch ein großer Zeuge authentischen Mensch- und Christseins in unserer Zeit geworden. Nicht zuletzt seine nach wie vor aktuellen Sozialenzykliken erweisen ihn als aufmerksamen und genauen Beobachter, während sein elementarer, konkreter Glaube ihn dem einfachen Volk in aller Welt nah sein läßt. In ihm finden die Menschen ein zugängliches, überzeugendes Vorbild im Bemühen um die unvergänglichen Werte.

Auch als Papst hat Angelo Roncalli nie seine Herkunft verleugnet. Er blieb der Sohn einfacher Bauern.

Bewußt hat er darauf verzichtet, seine Angehörigen mit Titeln, Privilegien oder Spenden zu bedenken. In seinem Testament konnte er schreiben: „Arm geboren, aber als Kind geehrter und einfacher Leute, freue ich mich besonders, arm sterben zu können ... Meiner geliebten Familie, von der ich keine Reichtümer erhalten habe, kann ich nichts hinterlassen als einen großen, ganz besonderen Segen, verbunden mit der Einladung, jene Gottesfurcht zu wahren, die mir immer so lieb und teuer gewesen ist."

Papst Johannes ist ein Vorbild für Aufrichtigkeit und gelebten Glauben. Diese Haltung war es, die noch heute Menschen in aller Welt fasziniert: Johannes XXIII. ist eine der am meisten geliebten Persönlichkeiten unseres Jahrhunderts.

Anhang

Worte von Papst Johannes XXIII.

ALLEN MENSCHEN BRUDER SEIN

*Gott hat die Menschen nicht als Feinde erschaffen,
sondern als Brüder.*

*Die ganze Welt ist meine Familie.
Allen zu gehören,
das soll meinen Geist, mein Herz und mein Handeln
bestimmen und beleben.*

*Wenn ich eine Mauer zwischen Christen sehe,
versuche ich, einen Stein herauszubrechen.*

*Ich empfehle allen:
Liebe im Denken, Urteilen und Reden.*

*Man muß die Freiheit des Menschen achten.
Gott tut es auch.*

*Wie sehr muß man Jesus nachfolgen,
um mit allen Menschen Geduld haben zu können!*

*Wenn es etwas gibt, das man nie bereuen muß,
so ist es dies:
in irgendeiner Weise hochherzig gewesen zu sein.*

DER WILLE GOTTES – SONST NICHTS

*Ich will nichts anderes,
als Tag um Tag den Willen Gottes zu tun.
Glaubt mir, das ist das schönste Leben.*

*Außer dem Willen Gottes
gibt es nichts Interessantes für mich.
(25.1.39)*

*Ich soll nicht ein Meister der Politik,
der Strategie und der Wissenschaft sein.
Deren gibt es schon genügend.
Ich habe die Barmherzigkeit und die Wahrheit
zu vertreten.
(Exerzitien, 25.11. bis 1.12.1940)*

Gott ist alles. Ich bin nichts. Das genügt für heute.

*Alles wird leicht,
wenn wir uns ganz von uns lösen.*

*Wer glaubt, der zittert nicht.
Er ist nicht pessimistisch eingestellt.
Glauben – das ist die Heiterkeit,
die von Gott stammt.*

LEBEN IM AUGENBLICK

*Alles, was ich tue, will ich so tun,
als hätte ich nichts anderes zu tun,
als wäre ich in der Welt,
nur um diese eine Aufgabe gut zu erfüllen.*

*Immer beschäftigt sein
und nicht unter der Eile leiden,
das ist ein Stück Himmel auf Erden.*

*Jeder Tag und jeder Monat gehören dem Herrn.
Deshalb sind alle gleich schön.*
(Tagebuch, 1.2.39)

Beten ist wie Atmen

*Ein Tag ohne Gebet
ist wie ein Himmel ohne Sonne,
wie ein Garten ohne Blumen.*

*Mein Tag soll immer vom Gebet getragen sein.
Beten ist wie Atmen.*
(Venedig, 1953)

*Vom Morgen bis zum Abend, und auch in der Nacht,
im Kontakt bleiben mit Gott oder den Dingen Gottes.
Das gibt mir eine beständige Freude, schenkt mir in
allem inneren Frieden und Geduld.*

Bischof für die Menschen

Ein Wort des hl. Franz von Sales gefällt mir besonders: „Ich bin wie ein Vogel, der in einem Dornbusch singt." Also wenig über das sprechen, worunter ich leide. Zurückhaltend und nachsichtig sein im Urteil über Menschen und Ereignisse; besonders für die be-

*ten, die mich enttäuscht haben; in allem eine große
Güte haben, eine grenzenlose Geduld. Ich will mich
daran erinnern, daß alles andere nicht dem Geist des
Evangeliums entspricht. Über allem die Liebe, koste
es, was es wolle. Ich ziehe es vor, für einen Tölpel gehalten zu werden. Und auch wenn ich von anderen
schlecht behandelt werde, will ich immer geduldig und
gütig sein. Nur so bin ich würdig, wirklich Bischof genannt zu werden.*
(Bulgarien, 1930)

*Meine kurze Erfahrung dieser Monate als Bischof hat
mir bestätigt, daß es für mich im Leben nichts Besse-
res gibt, als das Kreuz zu tragen – so wie der Herr es
mir auf die Schultern legt ... Ich will es lieben, wie
Gott es mir gibt, ohne an etwas anderes zu denken.*
(Tagebuch 1926)

Jede Pfarrgemeinde ist mein Familienalbum.

*Dies gehört zur Aufgabe eines Hirten:
seine Schafe einzeln zu zählen.*
(An die Pfarrer der Diözese Venedig)

*Man muß alles sehen,
vieles übersehen
und weniges zurechtrücken.*

*Man muß immer erst alle hören,
bevor man ein endgültiges Urteil abgibt.*

*Man kann mit einem Hirtenstab in der Hand
heilig werden,
aber ebensogut mit einem Besen.*

Papst kann jeder werden.
Der beste Beweis dafür bin ich selbst.

Mein Schutzengel sagt mir öfter:
Johannes, nimm dich nicht so wichtig!

DEN BRUDER TOD ERWARTEN

Jesus, du hast mir den Weg gezeigt.
Ich werde dir folgen, wohin immer du gehst:
in das Opfer, den Verzicht und den Tod.
(Exerzitien, November 1961)

Gelassen und ruhig
erwarte ich meinen Bruder Tod.
Ich werde ihn genauso aufnehmen,
wie der Herr ihn mir schicken wird.
(Aus seinem Testament)

Ich muß mich mit dem Gedanken an den Tod
vertraut machen, und zwar so,
daß mein Leben dadurch noch fröhlicher,
noch beweglicher, noch arbeitsamer wird.

In meinen nächtlichen Gesprächen mit dem Herrgott
habe ich stets ein Bild vor mir:
den gekreuzigten Jesus,
der seine Arme weit ausbreitet,
um alle zu empfangen.
Das ist die Aufgabe der Kirche,
damit sie das Gebet des Herrn verwirklichen kann:
Alle sollen eins sein.
(31.5.1963, wenige Tage vor seinem Tod)

Chronologischer Überblick

1881 25. November: Angelo Giuseppe Roncalli wird als Sohn von Battista Roncalli und seiner Frau Marianna, geb. Mazzola, in Sotto il Monte (Ortsteil Brusicco) geboren. Am gleichen Tag empfängt er durch Pfarrer Rebuzzini in der Kirche Santa Maria die Taufe. Taufpate ist Zaverio Roncalli, ein Bruder des Großvaters.

1888 Erste heilige Kommunion.

1892 Eintritt ins Knabenseminar zu Bergamo.

1901 4. Januar: Angelo Roncalli kommt als Alumne nach Rom. – Am 30. September beginnt er seinen Militärdienst im 73. Infanterie-Regiment der lombardischen Brigade.

1904 13. Juli: Roncalli erwirbt den Doktorgrad der Theologie. – Am 10. August wird er in der Kirche Santa Maria in Monte Santo (an der Piazza del Popolo) durch Mgr. Giuseppe Ceppetelli zum Priester geweiht.

1905 9. April: Amtseinführung von Bischof Radini Tedeschi in Bergamo, der Roncalli zu seinem Sekretär ernennt.

1906 September: Dozent im Diözesanseminar.

1909 Am 21. September wird ein von Roncalli verfaßtes Schreiben des lombardischen Episkopats über die Religionsfreiheit in den Schulen veröffentlicht.

1915 24. Mai: Einberufung zum Militärdienst. In Bergamo organisiert er die Soldatengottesdienste und koordiniert die Militärseelsorge.
22. August: Publikation seines Werkes über den im Jahr zuvor verstorbenen Bischof von Bergamo, Radini Tedeschi.

1921 18. Januar: Präsident des Zentralrats des Päpstlichen Missionswerks für Italien.

1925 3. März: Ernennung zum Apostolischen Visitator in Bulgarien und Erhebung zum Titularerzbischof „pro hac vice" von Areopolis.

1928 14. April: Besuch der am stärksten von einem Erdbeben betroffenen Gebiete in Bulgarien, so der Städte Cirpan und Baltzagi.

1929 22. bis 24. August: Aufenthalt in Berlin und Begegnung mit Nuntius Pacelli, dem späteren Papst Pius XII.

1934 24. November: Versetzung an die Apostolische Delegatur für die Türkei und Griechenland; Ernennung zum Apostolischen Administrator des Apostolischen Vikariats Konstantinopel.

1935 5. Januar: Ankunft in der Apostolischen Delegatur zu Istanbul.

1945 1. Januar: Offizieller Beginn seiner Tätigkeit als Apostolischer Nuntius in Frankreich.

1953 15. Januar: Pius XII. ernennt Roncalli zum Patriarchen von Venedig.

1954 10. August: Feier des 50jährigen Priesterjubiläums im vertrauten Kreis seiner Familie in Sotto il Monte.
20. bis 31. Oktober: Als Päpstlicher Legat beim Marianischen Nationalkongreß in Beirut/Libanon.

1958 9. Oktober: Tod Pius' XII.
28. Oktober: Roncalli wird zum Papst gewählt; er nimmt den Namen Johannes XXIII. an.
4. November: Feierliche Krönung.

1959 25. Januar: In St. Paul vor den Mauern kündigt Papst Johannes vor dem Kardinalskollegium die Abhaltung einer römischen Diözesansynode und eines Konzils für die Gesamtkirche an.
29. Juni: Veröffentlichung seiner ersten Enzyklika, *Ad Petri Cathedram*.
1. August: Enzyklika *Sacerdotii Nostri primordia* zum 100. Todestag des hl. Pfarrers von Ars.
28. September: Enzyklika *Grata recordatio* über das Rosenkranzgebet.
28. November: Missionsenzyklika *Princeps Pastorum*.

1960 24.- 31. Januar: Erste Synode der Diözese Rom.
30. Juni: Apostolisches Schreiben *Inde a primis* über die Verehrung des Kostbaren Blutes.
25. Juli: Motuproprio *Rubricarum instructum* über die Neufassung des Breviers und des Römischen Missale.
7. August: Radiobotschaft zum Abschluß des XXXVII. Internationalen Eucharistischen Kongresses in München.
29. September: Apostolisches Schreiben *Il religioso convegno* über den Rosenkranz.

1961 15. Mai: Sozialenzyklika *Mater et Magistra* zum 70. Jahrestag von *Rerum Novarum* von Leo XIII.
1. Juli: Schreiben *Diarum quod* zum 100jährigen Bestehen des Osservatore Romano.
10. September: Radiobotschaft mit einer dringenden Bitte an die Völker, den Frieden zu wahren.

(1961) 7. Oktober: Radiobotschaft an die Gläubigen auf den Philippinen.
5. November: Radiobotschaft an die Völker Afrikas.
11. November: Enzyklika *Aeterna Dei* anläßlich des 1500. Todestags des hl. Leo des Großen.
25. Dezember: Veröffentlichung des Apostolischen Schreibens *Humanae salutis*, mit dem er für 1962 das Zweite Ökumenische Vatikanische Konzil anberaumt.

1962 6. Januar: Apostolische Ermahnung *Sacrae Laudis*, in dem er den Klerus bittet, das Brevier für das bevorstehende Konzil zu beten.
2. Februar: Motuproprio *Consilium*: Festsetzung des Konzilsbeginns für den 11. Oktober.
22. Februar: Apostolische Konstitution *Veterum sapientiae* über das Studium der lateinischen Sprache.
15. April: Apostolisches Schreiben *Cum gravissima*.
28. April: Apostolisches Schreiben *Oecumenicum Concilium* über den Marienmonat und das Konzil.
3. Mai: Päpstliches Schreiben *Amantissimo Patris consilio* an Kardinal Agagianian zum 40. Jahrestag des Motuproprio *Romanorum Pontificum* über die Missionen.
20. Juni: Abschluß der Vorbereitungphase des Konzils.
1. Juli: Enzyklika *Poenitentiam agere*, die zu eifrigem Gebet und Buße für das bevorstehende Konzil einlädt.
2. Juli: Schreiben an die Ordensfrauen (*Il Tempio Massimo*) mit der Bitte um besondere Gebete für das Konzil.
6. September: Mit dem Motuproprio *Appropinquante Concilio* verkündet er die Geschäftsordnung des Konzils.

(1962) 11. September: Einen Monat vor der Konzilseröffnung Radiobotschaft an die ganze Welt.
Ende September: Erste Anzeichen einer Erkrankung.
4. Oktober: Wallfahrt nach Loreto und Assisi.
11. Oktober: Feierliche Eröffnung des Zweiten Vatikanischen Konzils mit einer wegweisenden Ansprache. Abends Ansprache an das Volk, das sich auf dem Petersplatz zu einer Lichterprozession versammelt hat.
12. Oktober: In der Sixtinischen Kapelle Empfang der offiziellen Abordnungen, die der Konzilseröffnung beigewohnt haben.
13. Oktober: Vormittags Empfang der Journalisten aus aller Welt; am Nachmittag Empfang der Beobachter der nicht-katholischen christlichen Konfessionen und der Gäste des Einheitssekretariats.
27. Oktober: Radiobotschaft an die Australier anläßlich der Einweihung eines neuen Senders von Radio Vatikan für diesen Kontinent.
8. Dezember: Ansprache zum feierlichen Abschluß der ersten Sitzungsperiode des Konzils.

1963 9. April: Im Rahmen einer besonderen Feier unterzeichnet er die Enzyklika *Pacem in terris*, deren Inhalt und Zielsetzung er in einer Radiobotschaft erläutert.
20. Mai: Apostolisches Mahnschreiben an die Bischöfe in aller Welt, in der er um das inständige Gebet für das Konzil bittet. – Letzte Audienz.
26. Mai: Radiobotschaft an die polnischen Arbeiter, die zu einer Wallfahrt im Marienheiligtum von Piekary zusammengekommen sind: Es ist seine letzte offizielle Amtshandlung.
3. Juni: Um 19.49 Uhr stirbt Papst Johannes XXIII.

Inhalt

Vorwort 5

In einem kleinen Bauerndorf bei Bergamo 9
Eine bittere Enttäuschung 23
Ruhige Jahre in Bergamo 33
Studium in Rom und Militärdienst 39
Zurück in Bergamo 43
Als Bischof ohne Gläubige in Sofia 57
In der Türkei 73
Nuntius Roncalli erobert Paris 95
Patriarch im geliebten Venedig 109
Das Konklave 127
Aufruhr im Vatikan 135
Ein Konzil für die Welt von heute 145
Nie auszurechnen 161
Keine Scheu vor Kommunisten 165
Jenseits aller Konventionen 175
Die letzte Stunde ist gekommen 193
Lebendig über den Tod hinaus 203

Anhang:
Worte von Papst Johannes XXIII. 207
Chronologischer Überblick 214

Bildnachweis:
KNA-Bild: S. 11, 15, 112, 140, 149, 151, 155, 212-213.

In derselben Reihe sind erschienen:

Kardinal Joseph Bernardin
Das Geschenk des Friedens
Reflexionen aus der Zeit des Loslassens
Das bewegende Zeugnis des Kardinals von Chicago über seine letzten Lebensjahre, die von einer falschen Anklage und schwerer Krankheit geprägt waren. Ein außergewöhnliches Buch, das tiefe Hoffnung vermittelt in Zeiten, in denen man lernen muss loszulassen.
Bereits in der 3. Auflage!
136 Seiten, ISBN 3-87996-390-8

Chiara Lubich
Die Welt wird eins
Franca Zambonini im Gespräch mit der Gründerin der Fokolar-Bewegung
Informative und zugleich sehr persönliche Einblicke in das Leben und Werk der Gründerin einer der neuen geistlichen Gemeinschaften.
164 Seiten, gebunden, ISBN 3-87996-384-3

Waltraud Herbstrith
Edith Stein. Jüdin und Christin
Eine sorgfältig dokumentierte Biografie, verfasst von der ausgewiesenen Edith-Stein-Kennerin. Mit 14 Fotos.
140 Seiten, gebunden, ISBN 3-87996-338-X

Christine de Boismarmin
Madeleine Delbrêl. Mystikerin der Straße
„Ein begeisterndes Bild von M. Delbrêl, die sich facettenreich und vorurteilsfrei für Gerechtigkeit und Glauben in einem atheistischen Umfeld einsetzte" (Christ in der Gegenwart).
212 Seiten, gebunden, ISBN 3-87996-340-1

VERLAG NEUE STADT   MÜNCHEN · ZÜRICH · WIEN